日経文庫

NIKKEI BUNKO

# 金融商品取引法入門〈第8版〉

黒沼悦郎



日本経済新聞出版

# まえがき

本書は、企業による円滑な資金調達と投資家の資産形成を支える法制である金融商品取引法の全体像を解説した入門書です。金融商品取引法は、平成18年6月にそれまでの証券取引法を大幅に改正し、法律名を変更したものです。平成18年の改正は、投資商品と投資サービスについて包括的かつ柔軟な制度（投資サービス法制）の構築を目指した画期的なものでした。

金融商品取引法の制定からすでに長期間が経過し、この間にサブプライム・ローン問題から世界的な金融危機が発生するという大きな出来事があり、世界各国において金融危機の再発防止策を講じるなどの動きがありました。そこで第4版からは、現在の金融商品取引法の全体像をバランスよく伝えるという執筆方針をとり、第1章を資本市場の仕組みの説明から始めることにしたほか、金融商品取引法の歴史を記述しました。これらによって本書は、平成18年金融商品取引法の入門書から、より一般的な金融商品取引法の入門書になったと思っています。第8版の改訂内容については「プロローグ」でまとめましたので、そちらをお読みください。

金融商品取引法の意義や役割を理解するには、企業の資金調達の方法や資本市場における投資取引の仕組みなどの前提となる制度、自己責任原則、投資家保護といった理念、ディスクロージャー、不公正取引の禁止といった規制の枠組みとその背後にある考え方を知っておく必要があります。そこで本書では、金融商品取引法の基本的な仕組みと考え方を明らかにするよう努めました。ときには、私なりに疑問点を指摘しています。制度がどうあるべきかについて、読者のみなさんにも考えていただきたいと思ったからです。本書が取り上げている時事問題も古いものが多くなり、若い読者にはなじみがないかも知れません。しかし、証券市場で昔こういうことがあったから今の制度ができたということを理解してもらうことも重要だと考え、古いエピソードも残しています。

なお、金融商品取引法上、内閣総理大臣の権限の大部分は金融庁長官に委任されていますが、読者の混乱を避けるため、本書では条文どおりに内閣総理大臣と記述しています。

今回の改訂に当たっては、日経BP日本経済新聞出版本部の渡辺一さんに大変お世話になりました。この場を借りてお礼申し上げます。

令和3年10月

黒沼 悦郎

# 金融商品取引法入門　目次

# 第4章　公開買付けの規制

# 第5章　市場における有価証券の売買・デリバティブ取引

# 第6章 市場における不公正な取引の禁止

# 第7章 有価証券の売買・デリバティブ取引の勧誘

# 第8章 金融商品取引業の規制

## 第10章 金融商品取引法の課題 267

## 【本書の表記について】

本書では、金融商品取引法の条文は、そのまま条文数を引用しています。たんに「○条」となっているのは、金融商品取引法の条文です。それ以外の法令は、以下のような略語で表記しています。

| | |
|---|---|
| 投信法 | 投資信託及び投資法人に関する法律 |
| 令 | 金融商品取引法施行令 |
| 金商業府令 | 金融商品取引業者等に関する内閣府令 |
| 取引所府令 | 金融商品取引所等に関する内閣府令 |
| 定義府令 | 金融商品取引法第2条に規定する定義に関する内閣府令 |
| 特定有価証券開示府令 | 特定有価証券の内容等の開示に関する内閣府令 |

# プロローグ――今回の改訂について

第7版の出版後、令和元年に金融商品取引法の改正が、令和2年に金融商品販売法の改正がありました。また、内閣府令の改正による非財務情報の開示、スチュワードシップ・コード、コーポレートガバナンス・コードの改訂、東京証券取引所における市場区分の見直し、気候変動対応を中心とするサステナビリティ開示やSPAC（買収目的特別会社）の検討開始など、市場を支える制度に大きな動きがありました。

令和元年の改正は、資金決済に関する法律（資金決済法）の改正とセットであり、暗号資産（仮想通貨）が有価証券に該当する場合の手当て、暗号資産の不公正取引への対応が図られました。暗号資産の取引に対する政府の態度は、それまでの育成的なものから規制強化に変化してきています。これらについては、第1章4節(2)、第2章2節(2)、第6章6(3)で説明しています。令和2年の改正も資金決済法の改正とセットのものであり、金融の幅広い分野においてIT企業が顧客を証券会社・保険会社・銀行等につなぐサービスに対応するものです。これにより法律の名称は「金融サービスの提供に関する法律」（金融サービス提供法）に変更されました。本書では第8章7節(2)で説明しています。

取締役の報酬や持合い株式などの非財務情報の開示の重要性が高まっており、内閣府令も改正されました。それとともに、企業関係者や投資家の関心はＥＳＧ（環境・社会・ガバナンス）情報の開示に移ってきており、国際的にも、気候変動への各国の取組みに動きが見られるほか、ＥＳＧ開示の義務付けや開示の枠組みの検討が始まっています。本書では第３章３節⑶⑷でこれらの記載を充実させました。

また、スチュワードシップ・コードが２０２０年に、コーポレートガバナンス・コードが２０２１年に改訂され、いずれもサステナビリティ（ＥＳＧ課題への対応を含む企業の持続可能性）の考慮を強調するものとなりました。さらに、２０２２年４月には東京証券取引所の新しい市場区分がスタートしますが、そこでも、プライム市場上場企業は海外の投資家を含む機関投資家との対話を通じて、コーポレートガバナンス・コードの高いレベルでの遵守が求められることになります。つまり、上場会社からみると、改訂スチュワードシップ・コードに沿った機関投資家の議決権行使および機関投資家との対話によりＥＳＧ課題への取組みを促され、取引所から改訂コーポレートガバナンス・コードに沿ったサステナビリティの考慮を促され、企業のそうした取組みの一部が法定開示である有価証券報告書で開示されることになるわけです。本書の前回の改訂時にはフィンテックがトピックスでしたが、今回の改訂ではサステナビリティ開示ないしＥＳＧ開示がそれに当たるといえるでしょう。本書では第1章5節⑵、第3章9節⑶、第5章4節⑵でこれらの事項を扱っています。

このほか、新たに記載した項目としては、SPACを用いた上場（第5章1節）、顧客本位の業務運営の原則（第8章1節⑶）があり、判例や事例も最新の動向が分かるように補いました。

2020年から2021年末にかけての約2年間、日本も世界もコロナ禍に見舞われ、人々や企業の活動は大きな制約を受けました。上場企業の取締役会はリモートで開催されることが当たり前となり、会社法の分野では完全リモートの株主総会開催へ向けた法整備が行われています。それに対して金融商品取引法制の分野では、コロナ対応の主だった動きはありませんでした。ただし、機関投資家の議決権行使やエンゲージメントにおいては、企業のコロナ対応に向けた内部留保に理解を示すなど、コロナ禍を気候変動にも比すべき環境の変化と捉え、これに対する企業の回復力（レジリエンス）を重視する姿勢が見られます。投資家の態度が変化すれば法制度も変化を求められます。コロナ禍後の世界ではESGの諸課題、とくに気候変動への取組みに対する人々の態度が変化し、金融商品取引法制も大きな変化が求められることになるでしょう。

# 第1章

# 資本市場と金融商品取引法

## 1 資本市場の仕組み

金融商品取引法は、企業の資金調達と国民の資産運用に資するために、資本市場を規制する総合的な法律ですが、そもそも、なぜ資本市場を法律で規制する必要があるのでしょうか。

企業が事業に必要な資金を外部から調達する主な手段として、銀行等の金融機関から借入れをする方法と、多くの投資家から直接に出資を受け入れたり借り入れたりする方法とがあります。前者が行われる場を**金融市場**といい、後者が行われる場を**資本市場**といいます。金融市場と資本市場を合わせて、広義の金融市場といったり、金融・資本市場ということがあります。

金融市場では金融機関が事業の収益性を評価して、貸付金の返済期限や利率を決定します。したがって、限りある金融資源が見込みのある事業に流れるようにする、いいかえると資源の効率的配分を達成するには、金融機関が専門性を発揮して貸付事業を適切に行うよう確保してやればよいことが分かります。貸付けや担保の徴求については民法が規律しており、金融機関の規制のためには、銀行法、保険業法など各種の業法がありますが、それらはそれほど複雑な仕組みを必要としません。

これに対して、企業が多くの投資家から直接に資金を受け入れる資本市場では、市場原理に基づいて資金調達の可否・条件が決定されます。株式会社形態をとる企業が資本市場から資金を調達するときは、株式を発行したり社債を発行したりしますが、株式をいくらで発行したらよいか、社債の利率をどれくらいにしたらよいかは、証券会社を仲介役として多くの投資家の判断を集約して決定されます。したがって、資本市場を通じた金融資源の効率的配分（見込みのある企業や事業が良い条件で資金を調達できるようにすること）を達成するには、証券会社が専門性を発揮できるよう確保するとともに、市場原理が働くように市場の諸条件を整備しなければなりません。そのための法が金融商品取引法であり、これには本書が残りの全頁を使って説明するような複雑な規制の体系が必要になります。

このほか、資本市場には、金融市場と異なり、事業に対して危険資本を提供する機能があります。企業は、業績が多少悪くなっても事業を継続できるように、出資者に払い戻されない資本を必要としています。払い戻されない資金を調達する方法の典型は株式の発行ですが、これは資本市場でのみ行われます。株式のようにリスクが高く、会社の財政状態や経営成績に関する多くの情報によって価格が決まる有価証券の発行条件は、情報に基づいた投資家の判断を集約した市場によって決定するのが望ましいからです。このことを投資家の側から見ると、資本市場は金融市場に比べて、リスクが高いがリターンも大きい資産運用の手段を提供しているといえます。資本市場への投資は、事業のリスクを負いつつ経済や企業の成長による利益の分配を投資家が受けることを意味します。そこで、リスクのある投資を促進して企業活動を支えるとともに、国民の資産形成に資するために、投資家の利益が法によって適切に守られること（投資家保護）が必要になります。ここに資本市場を法律で規制するもうひとつの理由があります。

資本市場のうち、資金調達が行われる場を**発行市場**といいます。発行市場は取引所のように物的な施設があるわけではなく、企業と投資家が証券会社等を介して取引を行います。投資家は発行市場で得た株式や社債などの有価証券を売却処分して投下資本を回収することができなければ、企業の資金調達に応じないでしょう。そこで、有価証券の売買を行う**流通市場**が必要になります。そして、流通市場で決定される有価証券の価格は、企業の資金調達や企業行動に影響を与えることになります。たとえば、株式会社が新たに株式を発行して資金調達を行うことを発表したとたんに会社がすでに発行している株式の市場価格が下落したら、当該資金調達は現在の株主の利益を損なうので、するべきではないのです。

こうして、流通市場で決定される市場価格が資金調達の可否や条件を決定することになるという意味でも、発行市場と流通市場とが密接に結びついていることが分かります。なお、流通市場とは、証券取引所のように物的な施設に注文を集中して取引を成立させる方法で運営される市場を指すのが一般ですが、社債のように大部分が取引所外で行われる取引も流通市場といってよいでしょう。

## 2 金融商品取引法の内容と目的

金融商品取引法の内容は、①ディスクロージャー制度（企業内容開示制度）、②不公正取引の禁止、③金融商品取引所、金融商品取引業者等の金融商品取引関係機関の規制に分けられます（表1−1）。これらの規制の具体的な内容は本書の第2章以下で説明することにして、ここでは、1節で述べた資本市場の仕組みと金融商品取引法の内容との関係を説明しておきましょう。

資本市場がうまく機能するには、2つのことが重要です。ひとつは、企業や証券の価値が情報に基づいて正しく評価されるということ（市場の効率性）です。情報が不足していたり、情報に基づいた投資決定が行われなければ、市場原理に基づいた企業の資金調達が行われず、市場は限りある金融資源を効率的に配分することができません。金融商品取引法上のディスクロージャー制度は、企業などの有価証券の発行者に、投資判断にとって重要な情報を強制的に開示させることによって、市場の効率性を高めるために設けられています。

もうひとつは、市場が投資家にとって信頼され、アクセスが容易であるということです。

表 1-1 金融商品取引法の内容（本書の記載部分）

| | |
|---|---|
| ディスクロージャー制度（企業内容開示制度） | 発行開示の規制（第2章） |
| | 継続開示の規制（第3章） |
| | 公開買付けの規制（第4章） |
| 不公正取引の禁止 | インサイダー取引の禁止（第6章1～4節） |
| | 相場操縦の禁止（第6章5節） |
| | 販売・勧誘規制（第7章） |
| | 損失補塡の禁止（第7章6節） |
| 金融商品取引関係機関の規制 | 金融商品取引業の規制（第8章） |
| | 金融商品取引所の規制（第5章） |
| | 金融商品取引業協会等の規制（第9章4節） |
| | 投資者保護基金（第8章9節） |

投資家の信頼を損ね、一般投資家が寄り付かないような市場は、企業に十分な資金を供給することができません。もし、自然の需給によって決まるべき有価証券の市場価格が人為的にねじ曲げられていたり（相場操縦）、未公開情報を知った一部の者が有価証券を取引して利益を得ていたりしたら（インサイダー取引）、一般投資家はその市場で取引をしたいとは思わないでしょう。金融商品取引法上の相場操縦・インサイダー取引の禁止は、市場で行われる不公正な取引を禁止して、市場の公正性を確保し、一般投資家が市場取引に参加するよう促す制度です。

金融商品取引法のうち金融商品取引関係機関の規制は、市場インフラを整備するものであったり（金融商品取引所の規制）、いわゆる業者規制であったり（金融商品取引業者の規制）します。このうち市場インフラは、資本市場が金融資源を効率的に配分するための前提となる制度ですし、業者規制も、投資家の利益が守られるよう業者の行為を規制することによって、投資家の資本市場に対する信頼を確保するための規制と見ることができます。このように考えると、金融商品取引法の規制は、いずれも、資本市場が金融資源の効率的な配分を通じて企業の資金調達と国民の資産運用に資するための規制であるといえるでしょう。

金融商品取引法の目的も、市場の効率性と公正性という資本市場の条件から説明することができます。金融商品取引法1条は、「この法律は、……有価証券の発行及び金融商品の取引等を公正にし、有価証券の流通を円滑にするほか、資本市場の機能の十全な発揮による金融商品等の公正な価格形成等を図り、もって国民経済の健全な発展及び投資者の保護に資することを目的とする。」と規定しています。金融商品取引法の前身である証券取引法と比較すると、資本市場の機能の発揮により金融商品等の公正な価格形成等を図るという目的が加えられています。金融商品取引法は、取引所や金融商品市場の運営に関する規定を含んでおり、取引法や業法としての性質だけでなく市場法としての性質も有しているので、法が資本市場の機能の発揮を目的規定に掲げることは当然のことです。

金融商品取引法の目的については、投資家の保護と国民経済の健全な発展とする説、資本市場の機能の発揮とする説、投資家保護と資本市場の機能の発揮とする説などがあります。どの説が妥当かを議論するよりも、そこで論じられている「投資家の保護」「国民経済の健全な発展」「資本市場の機能の発揮」とは何かを理解することのほうが大切です。

金融商品取引法による投資家の保護とは、消費者法による消費者保護とは異なります。消費者法では商品について品質保証が与えられることがあり、欠陥のある商品から消費者が守られなければなりません。それに対し、金融商品取引の分野では、投資判断の結果を投資家に帰属させる**自己責任の原則**が妥当し、法は商品の品質（価値）を保証しません。品質を判断するための情報のみを投資家に与えて市場取引により価格を決定することが、資源の効率的配分のために必要だからです。そうでなければ、安易な投資判断により投資決定が行われ、市場価格ひいては資源配分が歪められてしまうからです。

投資家保護の意義をこのように捉えると、金融商品取引法は、資源を効率的に配分するという資本市場の機能の発揮を通じて、投資家の保護と国民経済の健全な発展とを同時に達成することを目的としているといえるのではないでしょうか。もっとも、金融商品は、企業の資金調達の手段である有価証券以外に、資金調達とは直接の関係がない各種のデリバティブ取引を含む広い概念ですから、国民経済の健全な発展とは、市場を通じた資源の効率的配分を含むものの、それに限定されず、国民の投資活動の促進による経済の発展をも意味すると考えられます。

## 3 金融商品取引法の歴史

ここでは、昭和23年（1948年）に証券取引法が制定されてから、平成18年に証券取引法が改正されて金融商品取引法となり、世界的な金融危機の再発防止策を盛り込んだ最新の改正が行われるまでの歴史を、日本経済の動きと対応させて概観することにより、金融商品取引法の内容をもう少し詳しく説明します（図1－1）。

### (1) 証券取引法の制定から平成18年改正前まで

証券取引法は第二次大戦後の占領下で、アメリカの2つの法律を参考にして制定されました。参考にされたのは、発行市場を規制する1933年連邦証券法（Securities Act）と、流通市場を規制する1934年連邦証券取引所法（Securities Exchange Act）です。それまで日本にも取引所における証券取引や商品先物取引を規制する取引所法という法律がありましたが、証券取引法が日本に持ち込んだのは、ディスクロージャー（企業内容の開示）という新しい考え方でした。戦後の日本では財閥を解体し、その株式を一般投資家に売り出しました（当時、証券民主化と呼ばれました）が、ディスクロージャー制度は一般投資家が証券取

**図 1-1 日本経済と資本市場法制の展開**

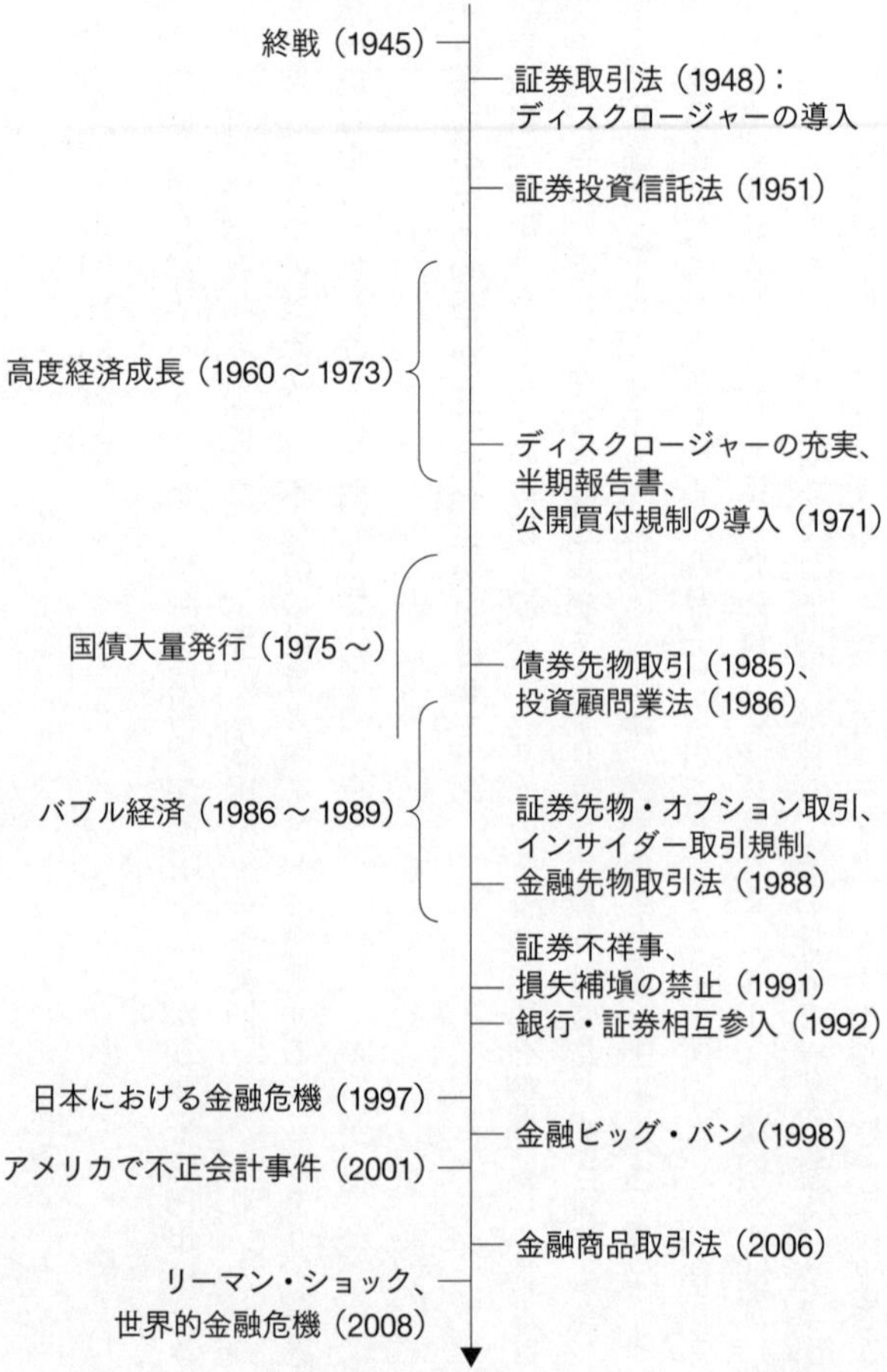
終戦（1945）
証券取引法（1948）：
ディスクロージャーの導入
証券投資信託法（1951）
高度経済成長（1960～1973）
ディスクロージャーの充実、
半期報告書、
公開買付規制の導入（1971）
国債大量発行（1975～）
債券先物取引（1985）、
投資顧問業法（1986）
バブル経済（1986～1989）
証券先物・オプション取引、
インサイダー取引規制、
金融先物取引法（1988）
証券不祥事、
損失補塡の禁止（1991）
銀行・証券相互参入（1992）
日本における金融危機（1997）
金融ビッグ・バン（1998）
アメリカで不正会計事件（2001）
金融商品取引法（2006）
リーマン・ショック、
世界的金融危機（2008）

引に参加する前提となるものでした。

証券取引法は、日本経済の発展や資本市場の動向を受け、諸外国の立法を参考にしつつ、昭和46年、昭和63年、平成4年、平成10年に大きな改正を行っています。1960年代前半の不況では、上場企業の倒産が相次ぎ、なかには倒産後に粉飾決算が明らかになったケースもありました。そこで昭和46年（1971年）の改正では、半期報告書や臨時報告書を導入してディスクロージャーを充実させるとともに、資本の自由化に備えて、企業買収の手段となる公開買付けの規制を設けました。この改正は、企業が資本市場から円滑な資金調達を行う前提条件を整備し、日本の経済成長を支えたものといえます。

その後、昭和50年代に国債が大量に発行されるようになると、その取引やリスクヘッジのために昭和60年（1985年）の改正で債券先物取引を導入し、いわゆるバブル期に証券市場での資産運用が活発になると、昭和63年（1988年）の改正で証券先物・オプション取引を導入するというように、資本市場の展開に対応した制度の整備が図られました。インサイダー取引規制が新設されたのも昭和63年改正です。

日本の株式市場において国内企業の株価は、1985年ころから1989年末まで急激に上昇しましたが、1990年になると株価は下落し始め、下落傾向は長期間続きました。これは金利の急上昇を理由とするバブルの崩壊と、その後の景気低迷（平成大不況）を反映したものです。バブルとは、人々の資産価値に対する見方が誤っていたために資産の価格がその真の価格よりも異常に高くなる現象をいい、日本では地価と株価にバブルが生じていました。また、地価や株価の上昇を背景として有利な条件で資本市場から調達した資金を、企業が資本市場で運用したため（いわゆる財テク）、株価のさらなる上昇を招き、地価や株価が上昇しつづけることを前提とした偽りの経済繁栄（いわゆるバブル経済）を国民は享受しました。

バブル期に、証券会社が大口の投資家に対して、財テクの損を穴埋めしていたことが、バブル崩壊後に明らかになり、平成3年改正で損失補塡が禁止されました。平成4年には、損失補塡等の証券不祥事の再発防止のための改正と、証券取引法の制定以来とられてきた銀行と証券の分離を一部緩和し、子会社による銀行と証券の相互参入を認める改正が行われました。土地バブルの崩壊は、住宅建設や土地開発事業への融資を行っていた金融機関に大量の不良債権を発生させましたが、その処理がなかなか進まないなか、1997年秋には、証券会社や銀行の経営破綻が相次ぎ、日本の金融システムは一時的に危機的状況に陥りました。この経験から、日本では金融機関の破綻処理法制が整備されました。

バブル崩壊後の資本市場では、株価低迷のため企業の資金調達が行われず、市場の機能は低下してしまいました。そこで平成10年には、手数料の自由化、取引方法の自由化、証券業への参入の自由化と競争の促進等を通じて金融市場の再生を目指す一連の改革（金融ビッグ・バン）が行われました。その後、ベンチャー企業の振興が国の政策目標とされ、新興企業向け新市場の市場間競争を促進することによって資本市場の機能を回復させようとする試みが、平成15年以降の法改正に結実しています。

## (2) 証券取引法以外の法制

証券取引法以外の法律で、国民の資産運用に関係の深い法律として次のものがあります。

証券投資信託法は、信託契約を用いて、投資家の資金を有価証券への投資として集団的に運用する仕組みを定めるもので、昭和26年（1951年）に制定されました。同法には、平成10年に、法人形態を用いて集合投資を行ういわゆる会社型投資信託として、投資法人制度が追加され、平成12年には、不動産への投資が追加されて、法律の名称も、「投資信託及び投資法人に関する法律」（投資信託・投資法人法）に改称されました。

昭和61年（1986年）には、「有価証券に係る投資顧問業の規制等に関する法律」（投資顧問業法）が制定されました。この法律は、一方で、投資家の無知につけこんで証券投資についていいかげんな助言を与える業者を取り締まり、他方で、個別に契約を結んで専門家に投資運用を委ねたいという投資家の需要に応えようとするものです。

金融先物取引法は、金融機関や投資家に通貨や金利の変動リスクに対するヘッジ手段を提供するために、金融先物取引所において金融先物・オプション取引を行えるよう、昭和63年（1988年）に制定されました。当初は、金融先物取引所に上場しているデリバティブ取引のみを規制対象とするものでしたが、外国為替取引の自由化に伴い外国為替証拠金取引（FX取引）が盛んになり、投資家被害が拡大したため、平成17年の改正でFX業者を規制対象に取り込んでいます。

### (3) 金融商品取引法の制定

金融商品について幅広く横断的なルール（**金融サービス法**）を制定しようという動きが平成9年ころからあり、その成果として、平成12年に「金融商品の販売等に関する法律」（金融商品販売法、現在の金融サービス提供法）が制定されました。しかし、金融商品販売法は、銀行・保険を含む「金融商品」に適用されるという点で横断的なものでしたが、金融商品の販売・勧誘の側面しかカバーしない点で包括的なものではなく、また、ルールの内容も限定的で不十分なものでした。そこで、金融サービス法の制定を求める声があがっていました。

他方、ベンチャー企業の育成や「貯蓄から投資へ」という政策の下で、組合契約や匿名組合契約を利用して投資や事業を行う各種のファンドのように、従来、規制が講じられていない分野で新しい投資商品が登場するようになり、投資家の利益に反する事例も現れるようになりました。そこで、金融サービス法の制定は将来の課題として残すこととし、まず預金・保険以外の「投資商品」について業者横断的なルール（**投資サービス法**）を制定することになったのです。モデルとなったのは、イギリスの1986年金融サービス法です。なお、イギリスでは、金融サービス法を改組した2000年金融サービス・市場法（Financial Services and Markets Act）によって、銀行・保険を含む包括的な立法が実現しましたが、金融危機を経て2013年には健全性規制と行為規制の担当機構が分離されました。

金融商品取引法は、組合その他の契約を利用したファンドに規制を及ぼすとともに、抵当証券、信託受益権、商品ファンドのように、それまで異なる法律で規制されていた商品を適用対象に含めています。

これは、①投資家にとって経済効果が同じサービスについては、同じような仕組みの下で保護が与えられるべきである、②投資に対する包括的な規制を設ければ、投資活動が活発になり、貯蓄から投資への流れを加速できるとの考えに基づくものです。このような規制の横断化・包括化のために、金融商品取引法には、金融先物取引法、投資顧問業法、外国証券業者に関する法律（外証法）が統合され、また、投資信託・投資法人法、商品投資に係る事業

図1-2 投資商品の横断的規制

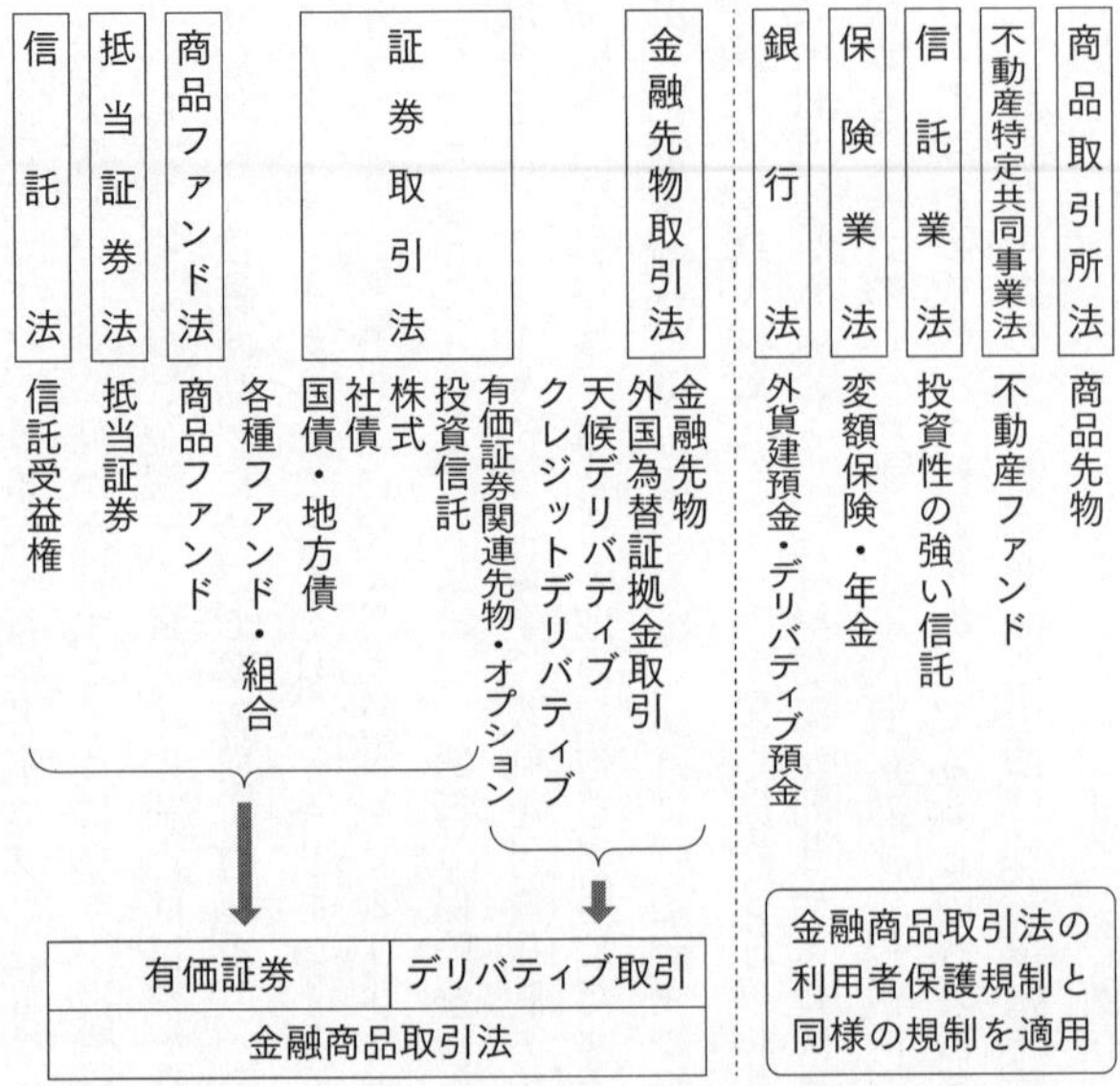


の規制に関する法律（商品ファンド法）の一部が取り込まれています（図1－2）。

平成18年の改正時には、銀行法、保険業法、信託業法、商品取引所法（現商品先物取引法）、不動産特定共同事業法をも改正して、デリバティブ預金や変額保険のように投資性の強い商品については、金融商品取引法と同様の投資家保護のルールを適用することにしました。ですから、銀行法・保険業法等の当該改正条文は実質的には投資サービス法の一部です。

規制の横断化・包括化と並ぶ金

融商品取引法の特色は、規制の柔軟化（柔構造化）です。規制の柔軟化は、ディスクロージャー、販売・勧誘ルール、業者の規制に表れています。

## (4) 世界的な金融危機への対応

平成18年の金融商品取引法制定後も、市場で生じるさまざまな問題に対処するために、金融商品取引法は改正されています。平成20年には、資本市場の競争力の強化を目指して、①プロ向け市場の創設、②指数連動型上場投資信託（ETF）の多様化、③課徴金制度の拡充、および④ファイアーウォール規制の見直しを図る改正が行われました。

アメリカにおける低所得者向け住宅ローンである**サブプライム・ローン**を証券化した商品の価格が暴落し、２００８年9月ころ、これを保有していた機関投資家や証券化商品の債務不履行に備えて保証を与えていた金融機関が多額の損失を被りました。損失の額やその増加のおそれが明らかでないことから金融機関間の信用収縮を招き、資金繰りに窮した一部の金融機関が破綻の危機に直面する事態になりました（いわゆるリーマン・ショック）。これがサブプライム・ローン問題に端を発する金融危機と呼ばれるものです。日本の金融機関は、サブプライム・ローンの証券化商品を直接保有していなかったものの、外国の金融機関の発行する社債等を保有していたため多額の損失を被りました。また、不動産を担保に行われていた自動車ローンなども成り立たなくなり、アメリカの消費が落ち込んで、世界的な規模の不況を招きました。

世界的な金融危機は、各国の規制当局に、金融危機の再発防止策と、金融機関の破綻が他へ波及しない仕組みを作るよう促しました。日本でも、金融危機の再発防止策として、①格付業者の規制の導入が、金融危機が発生した場合のその拡大防止策として、②金融商品取引業者の連結監督規制の導入、③店頭デリバティブ取引の清算集中、④金融機関の新たな処理制度の導入が図られました。金融危機対応以外の最近の改正については、それぞれの項目で説明することにします。

## 4 資本市場の取引対象――有価証券とデリバティブ取引

### (1) 金融商品取引法の適用対象

金融商品取引法は有価証券の取引とデリバティブ取引に適用されます。金融商品取引法は金融商品の定義を置いていますが、後述のように、金融商品はデリバティブ取引を定義するための技術的概念であり、金融商品取引法は金融商品の取引に適用されるわけではないことに注意を要します。

金融商品取引法の適用対象には、通常の預金や保険契約は含まれません。投資性の高い預金・保険商品、商品先物取引、不動産特定共同事業契約などは、金融商品取引法の適用対象とはされていないものの、銀行法、保険業法等により投資家保護のルールが適用されます。

### (2) 有価証券

有価証券は、証券・証書が発行されている権利（有価証券、2条1項）と発行されていない権利（**みなし有価証券**、2条2項）に分けて規定されています。2条1項の有価証券には、①国債証券、②地方債証券、③特殊債、④資産流動化法上の特定社債券、⑤社債券、⑥特殊法人に対する出資証券、⑦協同組織金融機関の優先出資証券、⑧資産流動化法上の優先出資証券・新株引受権証書、⑨株券・新株予約権証券、⑩投資信託・外国投資信託の受益証券、⑪投資法人の投資証券・投資法人債券、外国投資法人の投資証券、⑫貸付信託の受益証券、⑬特定目的信託の受益証券、⑭信託の受益証券、⑮コマーシャルペーパー（CP）、⑯抵当証券、⑰外国証券・証書で①～⑨と⑫～⑯までの性質を有するもの、⑱外国貸付債権信託の受益証券、⑲オプション証券・証書、⑳預託証券・証書、㉑政令で指定する証券・証書がありま す。

これらのうち⑤⑨は株式会社の資金調達に用いられる有価証券であり、⑤は会社に対する債権である社債を、⑨は会社に対する持分である株式、株式を会社から取得する権利である新株予約権を、それぞれ表示しています。④⑧⑬⑭⑱は、債権や不動産などを原保有者から切り離して投資の対象とする**資産の流動化**に用いられる有価証券であり、⑩～⑫⑭は、投資資金を集めて合同運用するために投資家に対して発行される有価証券です。平成18年改正前と比較すると⑭⑯が加わっており、⑲の範囲が拡大されています。㉑に当たるものとして、外国譲渡性預金証書といわゆる**学校債**が有価証券に指定されています（令1条）。

次に、2条2項の前段は、1項の有価証券に表示されるべき権利について、当該権利を表示する有価証券が発行されていない場合でも当該権利を有価証券とみなすことにしています。たとえば、2009年1月に上場会社において一斉に電子化が行われた**振替株式**（**電子株券**）は株券に表示されるべき権利なので株券とみなされます。

証券取引法が有価証券を証券・証書が発行されるものとそうでないものに分けて規定していたのは、証券・証書に表示された権利は流動性が高いと考えられたからです。しかし、株券が電子化され帳簿の振替により株式の譲渡が行われるようになれば株式の流動性は増すので、権利を証券・証書に表示すれば流動性が高まるという考え方は通用しなくなってきています。金融商品取引法が証券・証書の有無により有価証券を分けるのは、古臭いやり方だといえるでしょう。

2条2項の後段は、証券・証書に表示されるべき権利以外の権利を有価証券とみなすための規定です。そこには、①信託の受益権、②外国信託の受益権、③合名会社・合資会社の社員権（政令で定めるものに限る）、合同会社の社員権、④外国法人の社員権で③の性質を有するもの、⑤集団投資スキーム持分、⑥外国集団投資スキーム持分、⑦政令で指定する権利があげられています。これらは、平成18年改正前に比べて大幅に拡充されました。とくに⑤は各種のファンドに金融商品取引法を適用するための包括規定になっており、平成18年の改正の目玉のひとつです。

③の政令は、合名会社の社員・合資会社の無限責任社員が株式会社または合同会社である場合に限って、合名会社・合資会社の社員権を有価証券としています（令1条の2）。⑦として、いわゆる学校債のうち証券・証書が発行されないものが政令指定されています（令1条の3の2）。

**集団投資スキーム持分**の定義は次のようなものです。民法上の組合、商法上の匿名組合、投資事業有限責任組合、有限責任事業組合（LLP）、社団法人の社員権、その他の権利であって、出資した金銭（または金銭に類するもの）を充てて行う事業から生ずる収益の配当・財産の分配を受けることができる権利（2条2項5号）。

集団投資スキーム持分と呼ばれますが、出資金が合同運用されることは要件ではありません。たとえばAがBに金銭を出資し、Bがそれを運用して得た成果をAとBとで分配する契約からAに生ずる権利は本号の権利に当たるので、有価証券とみなされ、その販売（契約の締結）・勧誘等について金融商品取引法が適用されます。

ただし、①出資者の全員が出資対象事業に関与するもの、②出資者が拠出した額を超えて配当または財産の分配を受けないもの、③保険契約・共済契約・不動産特定共同事業契約に基づく権利、④政令で定める権利は、みなし有価証券から除外されます。①は、出資者が受動的な地位になく投資家としての保護を必要としないため、②は、より高いリターンを期待するという投資性に乏しいため、③は、それぞれの業法で手当てをすることにしたためです。④の政令では、内国法人（一般社団法人・一般財団法人を除く）に対する出資や、組合契約によって公認会計士・弁護士等の業務を営むものなどが指定されています（令1条の3の3）。前者は、政令指定されていない合名会社・合資会社の社員権を集団投資スキームの定義から除外するものであり、集団投資スキームという包括的な定義を設けた理念に反するという批判が当てはまるでしょう。

いわゆる仮想通貨は、暗号技術を基礎としてブロックチェーンなどの分散型台帳技術（DLT）によってその保有や移転が電子的に記録され、対価の支払いや決済の手段として用いられています。資金決済に関する法律（資金決済法）はこれを**暗号資産**と呼び（同法2条5項）、暗号資産と法定通貨の交換を行う業者を登録制の下に置いています。暗号資産の発行のうち、企業等がトークンと呼ばれる暗号資産を電子的に発行して公衆からビットコインなどの暗号資産の調達を行う**イニシャル・コイン・オファリング（ＩＣＯ）**が行われており、トークンが有価証券に当たれば金融商品取引法の適用対象になります。ＩＣＯで発行されるトークンには、決済手段として用いられるペイメント・トークン、インターネット上の特定のデバイスやサービスの利用に必要なユーティリティ・トークン、および保有していると配当や利子が得られるアセット・トークンがあり、アセット・トークンは集団投資スキームに当たるので、発行者は内閣総理大臣に届出をする必要があります（第２章１節）。ただし、日本では実例がないようです。アメリカの裁判例やＳＥＣはユーティリティ・トークンの一部も集団投資スキームに当たると考えており、筆者もその解釈に賛成です。いずれにせよ、暗号資産はそれが集団投資スキームに当たる場合には有価証券になります。

### (3) デリバティブ取引

有価証券とならんで金融商品取引法の適用範囲を画する重要な概念が、**デリバティブ取引**です。デリバティブ取引とは、金融商品・金融指標の先物取引・オプション取引・スワップ取引とクレジットデリバティブのことをいい、行われる場所によって市場デリバティブ取引、店頭デリバティブ取引、外国市場デリバティブ取引に分かれます（２条20～23項）。

**金融商品**とはデリバティブ取引の原資産となりうるものをいい、具体的には、①有価証券、②預金契約に基づく権利であって政令で定めるもの、③通貨、④商品先物取引法上の商品のうち政令で定めるもの、⑤同一の種類のものが多数存在し、価格の変動が激しい資産のうち政令で定めるもの（商品先物を除く）、⑥国債の標準物があげられています。④は商品先物取引を金融商品取引所で行えるようにする規定です。⑤の政令指定は現在ありません。

**金融指標**とは、指標を基準とするデリバティブ取引を定義するためのもので、①金融商品の価格・利率、②気象の観測の成果に係る数値、③事業者の事業活動に重大な影響を与える指標または社会経済状況に関する統計数値のうち政令で定めるもの（商品指数を除く）、④①〜③に基づく数値をいいます。

②は、**天候デリバティブ**を金融商品取引法の適用対象とするもの、③は、統計調査の結果に係る数値（ＧＤＰなど）のデリバティブ取引を適用対象とするためのものです。２００２（平成14）年ころから被害が急増した外国為替証拠金取引（ＦＸ取引）は、すでに平成16年改正の金融先物取引法によって規制されるようになりましたが、金融商品取引法では、通貨に関するデリバティブ取引に当たります。

デリバティブ取引のうち**先物取引**とは、将来の一定の時期（限月《げんげつ》という）に取引対象の受渡しと代金の支払いを約束する取引で、それまでに転売または買戻しをすることによって決済することのできるものをいいます。先物取引は、多数の銘柄の有価証券（ポートフォリオ）を有する者がその値下りリスクを回避するために、有価証券指数の先物を売り建てるように、現物の取引対象の価格変動リスクをヘッジする目的や、有価証券指数の変動による利益を得る投機目的で行われます。

**オプション取引**とは、当事者の意思表示により、一定の価格・一定の数量の取引（売りまたは買い）を成立させることのできる選択権（オプション）を売買する取引をいい、やはり限月までに反対売買で決済することができます。オプション取引もリスクヘッジまたは投機目的で行われますが、先物取引との違いは、オプションの購入取引では、もし金融商品の価格等がオプション購入者にとって不利な方向に変動した場合にはオプションを行使しなければよいので、リスクをオプション料に限定できる点にあります。これに対しオプションの売却取引は、理論上、損失が無限大になる可能性のある、極めてリスクの高い取引です。

**スワップ取引**とは、当事者間において性質や条件の異なる債権・債務を交換したのと同じ効果を生じるように、互いに一定の金銭の支払いを約する取引をいいます。**クレジットデリバティブ**とは、債務者の信用悪化を示す一定の事由が発生したときに債権者が相手方から一定の金銭の支払いを受けることのできる取引をいい（2条21項5号、22項6号）、世界的な金融危機を拡大させたといわれる**クレジット・デフォルト・スワップ（CDS）**はクレジットデリバティブの一種です。

ところで、有価証券の定義とは異なり、デリバティブ取引の定義は包括的なものになっていません。そこで、たとえば、ある指数が3カ月後に上昇したら、一定の計算式に従ってAがBに金銭を支払うことを内容とする取引は、その指数が③により政令指定されていない限り、金融商品取引法の規制対象になりません。投資家の被害が拡大して初めて政令指定が行われるようであれば、規制が投資家被害の後追いになるおそれがあります。

## 5 資本市場のプレーヤー

ここでは、資本市場のプレーヤーとしてどのような者がおり、金融商品取引法はそれらの者をどのような観点から規制しようとしているのかを概観します。金融商品取引所も金融商品市場という市場インフラを提供する重要なプレーヤーですが、金融商品取引所については第5章でまとめて説明します。

### (1) 発行者

資本市場において資金を調達するために有価証券を発行する者を発行者といいます。発行者は、国債を発行する国、地方債を発行する地方公共団体のように公的な団体であることも、株式・社債を発行する株式会社のような私企業であることもあります。発行者が有価証券を新たに発行して、これを投資家に取得させる場合には、発行者と投資家が直接の契約関係に立つことになります。金融商品取引法は、多数の投資家が有価証券を取得することとなる場合に、発行者に発行開示義務を負わせ（第2章）、その有価証券が市場で流通する段階に入った場合には、発行者に継続開示義務を負わせています（第3章）。つまり、発行者はディスクロージャーの適用対象になるわけです。

金融商品取引法は、発行者が証券会社などを通さずに、直接、投資家に対して有価証券を発行することを禁止していません。しかし、発行者が必要とする資金を確実に得るには、証券会社が発行者と投資家との仲介を行う必要があり（第2章2節(1)）、実際にも、証券会社が企業の資金調達の仲介を行っています。

債権や不動産などの資産を価値の裏づけとして発行される資産金融型証券（第2章8節）の形式上の発行者は、証券発行のために特別に設立された会社や信託であることが多いのですが、そのような発行者は資産金融証券の投資判断に必要な情報を有しているとは限りません。そこで金融商品取引法は、投資家にとって有益な情報を有している者を発行者と捉えて、その者に情報開示義務を課すようにしています（2条5項）。たとえば、信託の受益証券については、委託者に指図権があるときは委託者、ないときは受託者が発行者と扱われ、組合形式をとる集団投資スキームでは、組合に法人格がないので、業務執行組合員が発行者と扱われます。

なお、デリバティブ取引には発行者はいないため、デリバティブ取引にディスクロージャー制度は適用されません（第2章1節参照）。

## (2) 投資家

有価証券の売買取引やデリバティブ取引の主体となる者が投資家（法律の用語では「投資者」）です。投資家は法人であることも個人であることもあります。日本の市場で取引が行われる限り、外国の投資家も投資家に含まれ、その取引に日本法が適用されることになります。

投資家が発行市場において発行者から有価証券を取得するときは、投資家は企業に対する資金の提供者となります。発行された有価証券が流通市場で取引されるときは、投資家間で売買が行われ、その際に発行者に資金が供給されたり、発行者から資金が払い戻されたりすることはありません。もっとも、流通市場で競争的に決まる有価証券の価格が、発行者の資金調達や行動の指標になることは前に述べました（1節参照）。

投資家同士が直接の相手方となって有価証券の売買を行うことを、金融商品取引法は禁止していません。しかし、投資家が売買の相手方となる売主や買主を見つけることは容易でないので、多くの場合、証券会社が売買の仲介をしています。デリバティブ取引についても同じです。そして、有価証券の売買やデリバティブ取引を円滑に行うために取引所（正確には、金融商品市場）が開設されているのですが、取引所における取引は必ず証券会社等に取引を委託しなければなりません。このように、投資家が有価証券の売買取引やデリバティブ取引を行うには、多くの場合、証券会社等の金融商品取引業者と委託契約を結ぶことになります。このほか、投資家が投資について専門家の助言を受けるときには、投資助言業を行う金融商品取引業者と投資顧問契約を締結し、専門家に投資の運用を任せたいときは、投資一任業を行う金融商品取引業者と投資一任契約を締結することになります。

このように投資家とさまざまな取引関係を結ぶ金融商品取引業者について、金融商品取引法は投資家を保護するために販売・勧誘ルール（行為規制）を課しているのですが、同時に、法は投資家の属性に応じて規制を柔軟化しています。投資に関する専門知識のある**プロ投資家**（法律の用語では「**特定投資家**」）と**一般投資家**とを区分して、プロ投資家向けの販売については規制を緩和しているのです。プロ投資家は、その知識・経験・財産の状況などから保護を必要としておらず、プロ投資家への販売・勧誘を市場規律に委ねることにより、過剰規制による取引コストを削減できると考えられたからです。

投資家は、プロ投資家と一般投資家を出口として、選択により移行できる中間層を入れると、①一般投資家に移行できないプロ投資家、②一般投資家に移行できるプロ投資家、③プロ投資家に移行できる一般投資家、④プロ投資家に移行できない一般投資家に分類されます。

①には、国、日本銀行、および有価証券投資に係る専門的知識・経験を有する者として内閣府令で定める者（**適格機関投資家**）が入ります（2条31項1～3号）。適格機関投資家には、金融機関と有価証券残高が10億円以上の法人・個人で届出を行った者が該当します（定義府令10条）。個人も適格機関投資家になりうるとした点で、考え方の大きな転換がありました。②には、投資者保護基金、上場会社、資本金5億円以上の株式会社、外国法人などが入ります（定義府令23条）。③には、地方公共団体、①②に該当しない法人、出資総額が3億円以上の組合の業務執行者である個人、純資産が3億円以上かつ投資資産が3億円以上の個人などが入ります（34条の3、34条の4、金商業府令62条）。④は、③に該当しない個人です。このように投資家をプロと一般投資家に分け、選択により移行できる中間層を設ける方式は、ＥＵ（ヨーロッパ連合）の２００４年新投資サービス指令（MiFID）に倣《なら》ったものです。

他人のために資金を運用する者を一般に機関投資家といい、信託銀行、保険会社、投資信託会社、投資顧問会社、年金基金などがこれに当たります。機関投資家は投資家であると同時に、資金の運用者として資金を拠出する者に対して受託者として責任を負っています。また、機関投資家は上場株式への多額の投資を常時行っているため、その投資行動や議決権の行使は、上場会社に対して一定の影響力があります。そこで、金融庁は、イギリスのスチュワードシップ・コードを参考に、機関投資家が、投資先の企業の価値向上や持続的成長を促すことにより、受益者の中長期的なリターンの拡大を図る責任（スチュワードシップ責任）を果たすための諸原則（**スチュワードシップ・コード**）を２０１４年に作成・公表しました。現在スチュワードシップ・コードは、投資先企業の状況の把握、投資先企業との対話、投資先企業の持続的成長に資する議決権行使の方針、顧客・受益者に対する定期的報告など８つの原則からなりますが、法的拘束力を持つものではありません。機関投資家はコードを受け入れるかどうかを決定し、コードを受け入れる場合でも、実施することが適切でないと考える原則については実施しない理由を説明するという「**コンプライ・オア・エクスプレイン**」（遵守するか、説明する）の考え方がとられています。２０２１年８月31日現在、海外の者を含む３１６の機関投資家がコードの受け入れを表明しています。

コードの２０１７年の改訂では、議決権の行使結果を個別の投資先企業および議案ごとに公表するよう求める指針等が加わり、これによりどの企業のどの議案にどの機関投資家が賛成（または反対）したかが明らかになるようになりました。また、２０２０年の改訂では、サステナビリティ（第3章3節⑷）の考慮に基づく対話や運用を促す指針が加わったほか、議決権行使助言会社や年金運用コンサルタント（コードでは機関投資家向けサービス提供者と呼ぶ）が適切にサービスを提供するよう求める原則8が加わりました。

### ⑶ 金融商品取引業者

資本市場において、発行者と投資家との間、投資家同士を仲介し、また投資家に対して投資助言等のサービスを提供するのが金融商品取引業者です。これまでの話から、金融商品取引業者の行動を効率的かつ公正なものにすることは、投資家を保護し、国民経済の健全な発展を達成するために必要であることは明らかでしょう。

金融商品取引法は、それまで個別の法律によって縦割り規制が行われてきた業者規制をできる限り横断化し、同一の金融商品取引業者が本業として多くの投資サービス業務を行うことができるようにしました。具体的には、2条8項に列挙する行為（表1－2）のいずれかを業として行う者は、金融商品取引業者としての登録を受けなければなりません（29条）。従来の証券会社、金融先物取引業者、商品投資販売業者、証券投資顧問業者、投資信託委託業者、抵当証券業者は、すべて金融商品取引業者となりました。

金融商品取引業の内容は、その取扱商品・業務内容によって4種の業に分類されます。こ

**表1-2 金融商品取引業の登録が必要な行為（2条8項）**

| | |
|---|---|
| ① | 有価証券の売買、市場デリバティブ取引、外国市場デリバティブ取引 |
| ② | ①の媒介、取次ぎ、代理 |
| ③ | 取引所金融商品市場における有価証券の売買・市場デリバティブ取引または外国金融商品市場における有価証券の売買・外国市場デリバティブ取引の委託の媒介、取次ぎ、代理 |
| ④ | 店頭デリバティブ取引、またはその媒介、取次ぎ、代理 |
| ⑤ | 有価証券等清算取次ぎ |
| ⑥ | 有価証券の引受け |
| ⑦ | 委託者指図型投資信託、外国投資信託、抵当証券、集団投資スキーム持分等の募集または私募 |
| ⑧ | 有価証券の売出し |
| ⑨ | 有価証券の募集・売出しの取扱いまたは私募の取扱い |
| ⑩ | PTS業務 |
| ⑪ | 投資顧問契約を締結して行う有価証券の価値等に関する助言・金融商品の価値等の分析に基づく投資判断に関する助言 |
| ⑫ | 投資一任契約に基づく財産の運用 |
| ⑬ | 投資顧問契約・投資一任契約の締結の代理、媒介 |
| ⑭ | 投資信託受益証券等の権利者から拠出を受けた財産の運用 |
| ⑮ | 信託受益権、集団投資スキーム持分等の権利者から拠出を受けた財産の運用 |
| ⑯ | ①～⑩の行為に関して、顧客から金銭または有価証券の預託を受ける行為 |
| ⑰ | 株式・社債等の振替業務 |
| ⑱ | ①～⑰に類するものとして政令で定める行為 |

のような分類をしたのは、業によって参入要件や兼業の範囲に差を設け、また業に応じた規制を及ぼすためです（規制の柔軟化）。

2条8項が列挙する金融商品取引業のうち、①有価証券（2条2項各号のみなし有価証券を除く）の売買・売買の媒介等、②店頭デリバティブ取引等、③元引受け、④PTS業務、⑤有価証券等管理業務のいずれかを業として行うことを**第1種金融商品取引業**といいます（28条1項）。証券会社の伝統的な業務は第1種金融商品取引業です。④のPTS業務とは、私設の証券取引システム運営業務のことです。第1種金融商品取引業を行うには、一定の組織・資本金を備えた株式会社でなければならず、自己資本規制比率が120%以上である、業務を適格に遂行するに足る人的構成を有する等、最も重い要件を満たすことが求められます。ただし、クラウドファンディング（第2章2節⑤）のみを行う専業業者については要件が緩和されます（第2種金融商品取引業についても同じ）。外国法人が登録を受けて国内で金融商品取引業を行うこともできますが、第1種業を行うには、原則として国内に支店を設けなければなりません。第1種業のうち、④については認可も必要です（30条）。

①一定の有価証券・みなし有価証券の自己募集、②2条2項各号のみなし有価証券の売買・売買の媒介等、③市場デリバティブ取引（有価証券に関するものを除く）のいずれかを業として行うことを**第2種金融商品取引業**といいます（28条2項）。ファンドの組成や販売は

第2種業に当たります。第2種業を営むには、株式会社でなくてもよいなど要件が緩和されていますが、個人の場合は顧客の業者に対する債権の弁済を確保するために、最寄りの供託所に政令で定める額の営業保証金を供託しなければなりません（31条の2）。②が第2種業とされたのは、2条2項各号のみなし有価証券は流動性が低く、多くの投資家が取引する性質のものではないからだと考えられますが、流動性の低い有価証券ほど投資家への勧誘は慎重に行われるべきであり、また投資家の被害が発生しやすいことに注意しなければなりません。

**投資運用業**とは、有価証券またはデリバティブ取引に対する投資として、①投資法人との契約に基づき、投資法人の財産を運用する行為、②投資信託の受益証券保有者から拠出を受けた金銭等を運用する行為、③投資一任契約に基づき、顧客の財産を運用する行為、④信託の受益権の保有者から拠出を受けた金銭等を運用する行為、または⑤①～④以外の集団投資スキーム持分の保有者から拠出を受けた金銭等を運用する行為のいずれかを業として行うことをいいます（28条4項）。投資運用業は、アセット・マネジメントなどと呼ばれており、これを行うには、第1種業と同様の登録要件を満たす必要があります。

**投資助言・代理業**とは、①投資顧問契約を締結して有価証券の価値等または金融商品の価値等に基づく投資判断について助言をする行為、②投資顧問契約または投資一任契約の締結

**表 1-3 証券業等と金融商品取引業の対応関係**

| | 改正後 | 改正前 |
|---|---|---|
| 金融商品取引業 | 第1種金融商品取引業<br>第2種金融商品取引業 | 証券業<br>金融先物取引業<br>抵当証券業<br>商品投資販売業<br>信託受益権販売業 |
| 金融商品取引業 | 投資運用業 | 投資一任契約に係る業務<br>投資信託委託業<br>投資法人資産運用業 |
| 金融商品取引業 | 投資助言・代理業 | 投資顧問業 |
| | 金融商品仲介業 | 証券仲介業 |

の代理または媒介のいずれかを業として行うことをいいます（28条3項）。投資助言・代理業を営むには、第2種業と同様の登録要件を満たしていれば足ります。

以上とは別に、金融商品取引業または登録金融機関（金融商品取引業の登録を受けた金融機関）の委託を受けて、委託者のために有価証券の売買の媒介、市場デリバティブ取引の委託の媒介等を行う者は、**金融商品仲介業**としての登録（要件が緩やか）を受ければ金融商品取引業の登録を受ける必要はありません（66条）。以上の4種の業と仲介業を、平成18年改正前までの証券業等と対応させると表1－3のようになります。

これらの業務を行おうとする者は、業務の種別（第1種業にあっては個別の業務）を示して登録の申請を行い、それぞれの業務に関する要件を満たしていれば登録が認められます。ですから、たとえば1回の申請で全部の業務の登録を受けることも可能ですし、参入要件の低い業務の登録のみを受けることも可能です。

平成18年改正前は、投資信託委託業、投資法人資産運用業、投資一任業務、PTS業務、店頭デリバティブ取引、元引受業務について、登録制より参入要件が厳しい認可制がとられていました。金融商品取引法では、**PTS業務**のみを認可制とし（30条1項）、残りを登録制にするなど、大幅な規制緩和を図っています。

# 第2章 有価証券の発行

## 1 ディスクロージャーの意義

昭和23年（1948年）に制定された証券取引法は、アメリカ法に倣って、ディスクロージャー制度を導入しました。ディスクロージャーとは情報開示のことですが、ここでは、投資判断に役立つ情報を有価証券の発行者その他の者に強制的に開示させる制度のことをいいます。したがって、ディスクロージャー制度は、金融商品のうち有価証券だけに適用があります。

発行者のディスクロージャーには発行市場向けのもの（発行開示、第2章）と、流通市場向けのもの（第3章）があり、発行者以外の者による開示として、公開買付・大量保有者の開示（第4章）があります。発行者は情報を自発的に開示するから、法律でディスクロージャーを強制する必要はないという見方もあります。①資金の使途などの情報を開示しなければ、企業は証券を発行して資金を調達することができない、②当面、市場から資金を調達しない発行者も、株価が高いほど取引上有利なので、良い情報（株価を上昇させる情報）は進んで開示する、③良い情報しか開示しない発行者は投資家に敬遠されるので、発行者は悪い情報（株価を下落させる情報）も進んで開示する、というのがその理屈です。しかし、①企業経営者が自社株式の公開買付けを行う**ＭＢＯ**のように、株価が低いほうが経営者に有利な場合には、自発的な開示は行われない、②良い情報しか開示しない発行者と悪い情報も開示する発行者を投資家の側で区別できないときは、悪い情報も開示する（正直な）発行者にとって資本市場からの資金調達コストが高くなるので、資本市場を通じた資金調達は行われなくなり、ひいては資本市場が成り立たなくなる、などと反論されています。

有価証券報告書が事業年度終了後3カ月近く経過してから提出されるなど、法律上のディスクロージャー（法定開示）には時間がかかるので、その情報は投資判断の役に立たないという批判もあります。しかし、3カ月後に提出される有価証券報告書に真の情報を開示しなければならないとすれば（そうしなければ、民刑事の責任を追及される）、それより前にも発行者が嘘の情報を自発的に開示するわけにはいかなくなります。このように法定開示は、法定開示以外の方法で開示される情報の真実性を担保する機能を果たしているといえます。

有価証券であっても、①国債証券、②地方債証券、③特殊債、④特殊法人に対する出資証券、⑤貸付信託の受益証券、⑥集団投資スキーム持分等（主として有価証券に対する投資を行うものを除く）、⑦政府保証債は、ディスクロージャー制度の適用が免除されています（3条）。①②⑦は元利金の支払いについて債務不履行の懸念がないこと、③④は特別法により規制され、行政による監督に服すること、⑤は貸付信託法による開示が行われること、⑥は流動性が低いことを、それぞれ理由とするものです。しかし、③④は債務不履行のリスクが皆無ではないので、ディスクロージャーを求めることにも意味があると考えられますし、⑥のように流動性が低いことがディスクロージャーを免除する理由になるか、疑問が残るところです。むしろ、集団投資スキーム持分等の自己募集に金融商品取引業の登録を要するとしたことから（28条2項、第1章5節⑶）、ファンドの規制はディスクロージャーではなく業者規制によって行うという政策判断が下された結果とみるべきでしょう。

## 2　証券発行時のディスクロージャー

### ⑴　ディスクロージャーが必要な理由

証券の新規発行によって資金調達を行う企業（発行者）は、事業に必要な資金を確実に得るために、発行する証券の全部を投資家に取得させようと盛んに勧誘を行うでしょう。一方で、より多くの証券を投資家に取得させ、他方で、発行者に確実に資金を取得させるために、通常は、証券会社（またはそのシンジケート）が発行者と投資家の間に入り、投資家に対してはその販売網を利用して販売勧誘を行い、発行者に対しては資金を供給して、証券の売れ残りリスクを負担するサービス（引受けという）を提供します。このときも、販売の成績を上げるため、もしくは、売れ残りリスクを減少させるため、熱心な勧誘が行われることになります。熱心な勧誘が行われると、投資家に販売圧力（投資家にとっては購入圧力）がかかり、情報に基づいた投資決定を阻害するおそれがあります。大株主などが保有証券を一斉に売り出すときも販売圧力がかかり、投資決定が歪められるおそれが生じます。そこで、法は発行者にディスクロージャーを要求し、熟慮期間を設けることにより、投資家を保護しようとしているのです。すなわち、販売圧力の存在にこそ、発行市場のディスクロージャーが必要とされる理由を見出すことができるのであり、発行開示の要否は販売圧力の有無によって決まるといえるのです。以下では、新規発行証券の勧誘（募集）に沿って説明し、売出しについては9節で説明します。

### (2) 流動性の高い有価証券の募集

総額1億円以上の新規発行証券を取得させるために、50名以上の者に対して勧誘を行う場合には、販売圧力が生じると考えられるので、上場会社などの継続開示会社であると否とを問わず、発行者は**有価証券届出書**を内閣総理大臣に提出しなければなりません（4条1項）。提出は、**EDINET**と呼ばれるネットワークを通じて行われます。届出書が提出されていないのに勧誘をした者は、処罰の対象になります。この基準が適用されるのは、証券・証書が発行される有価証券、電子化された有価証券、および暗号資産です（第1章4節(2)）。暗号資産は電子的に移転されるので流通性が高いものと扱われます（2条3項）。

有価証券届出書には、①発行する証券の種類・発行数・発行価格、割当ての方法等からなる募集の条件、②手取金の使途、③発行者の企業情報が記載され（5条1項、表2－1）、財務局、発行者の本店・主要な支店、金融商品取引所・認可金融商品取引業協会で公開されます。ＥＤＩＮＥＴに公開された情報をインターネットで閲覧することもできます。

**適格機関投資家**のみを対象に勧誘を行うときは、届出書の提出は必要ありません（プロ私募、2条3項2号イ）。適格機関投資家は投資に関する専門的知識があるので、法律によるディスクロージャーは必要ないからです。ただし、ディスクロージャーなしに発行された証券が一般投資家の手に入ることのないよう、プロ私募証券の一般投資家への転売は禁止されます。このことを逆からいうと、プロしか入手できない証券が存在することを意味します。金融商品取引法では、法人が適格機関投資家になれる要件を有価証券残高１００億円以上から10億円以上へ引き下げ、個人でも有価証券残高が10億円以上ある場合には適格機関投資家になれるようにするなど、適格機関投資家の範囲を大幅に拡大しました（定義府令10条）。

50名未満の者に勧誘を行うときも、届出を要しません（**少人数私募**）。少人数を相手とするときは、投資家に取引力があり、販売圧力を受けないと考えられるからです。少人数私募で発行された証券は、多人数の手に渡らないようにする必要があることから、①株式、新株予約権付社債などのエクイティ関連商品については、株式を上場していないこと、②それ以

**表 2-1 有価証券届出書の記載事項（株式募集の場合）**

**第一部 【証券情報】**

第1 【募集要項】新規発行株式の種類・発行数／株式募集の方法及び条件／株式の引受け／新規発行による手取金の使途

第2 【売出要項】（売出しの場合に記載）

第3 【第三者割当の場合の特記事項】

第4 【その他の記載事項】

**第二部 【企業情報】**

第1 【企業の概況】主要な経営指標等の推移／沿革／事業の内容／関係会社の状況／従業員の状況

第2 【事業の状況】経営方針、経営環境及び対処すべき課題等／事業等のリスク／経営者による財政状態、経営成績及びキャッシュ・フローの状況の分析／経営上の重要な契約等／研究開発活動

第3 【設備の状況】設備投資等の概要／主要な設備の状況／設備の新設、除却等の計画

第4 【提出会社の状況】株式等の状況／自己株式の取得等の状況／配当政策／コーポレート・ガバナンスの状況等

第5 【経理の状況】連結財務諸表等／財務諸表等（最近2会計年度のもの）

第6 【提出会社の株式事務の概要】

第7 【提出会社の参考情報】

**第三部 【提出会社の保証会社等の情報】（該当する場合のみ記載）**

**第四部 【特別情報】**

第1 【最近の財務諸表】（最近の5事業年度のもので第二部に記載した以外のもの）

第2 【保証会社及び連動子会社の最近の財務諸表又は財務書類】（該当する場合のみ記載）

外の有価証券については、一括譲渡以外の譲渡が禁止されることが条件となっています。①の結果、上場会社が提携先など特定の者に対して株式を発行する**第三者割当増資**についても、有価証券届出書の作成・提出が必要です。勧誘対象人数の計算は6カ月を通算して行い、適格機関投資家の数は勧誘対象人数の計算から除外されます。企業が役員や従業員に**ストックオプション**（新株予約権）を発行するときも、これらの者は発行者をよく知っているはずなので、有価証券届出書の提出は不要とされます（4条1項1号）。

なお、私募により発行される社債型の有価証券の評価には格付が用いられていますが、格付および格付業者の規制については第8章8節で取り上げます。

### (3) 流動性の低い有価証券の募集

有価証券として新たに加えられた「2条2項各号の**みなし有価証券**」については、(2)で述べたものとは異なる募集概念が採用されました。すなわち、その取得勧誘に応じることにより相当程度多数の者が当該取得勧誘に係る有価証券を所有することとなる場合として政令で定める場合に、募集に当たり、ディスクロージャーが必要になります。政令では、相当程度多数の者を「500名以上」と定めています（令1条の7の2）。

(2)との違いは、①勧誘対象者の数ではなく取得者の数を基準としていること、②50名ではなく500名を基準としていることです。①はファンドの組成段階で多くの投資家に接触する必要があることに配慮したもの、②はファンド持分の流動性が低いことを考慮したものと説明されています。

## ⑷ 第三者割当増資の開示

有価証券届出書の記載内容は、募集・売出価格、引受けの状況、手取金の使途といった証券情報と発行者の企業情報に大別されます。企業情報については第3章で説明します。第三者割当増資の場合には有価証券届出書に特記事項を記載する必要があります。これは、業績の悪化した上場会社において、上場廃止を免れるために、株主の持分割合を大幅に希釈化する大規模な第三者割当増資が散見されるようになったことに対応するものです。「第三者割当の場合の特記事項」として、①払込資金・財産を発行者が確認した結果、②割当増資先が反社会的勢力と関係がないか、③有利発行に該当しないか（該当する場合には株主総会決議が必要になる）の判断、④議決権の希釈化率25％以上となるか、支配株主を生じる大規模な第三者割当を行う場合に、株主総会における株主の意思確認、社外役員または第三者委員会からの聴取を行ったか否かを記載します。

株主の利益を害するおそれのある第三者割当増資に対しディスクロージャー制度ができる

ことは、詳細な情報の開示を求めることだけです。開示された情報に虚偽がなければ、届出書の効力発生を停止したり、罰則を適用したりすることはできず、株主による会社法上の救済に期待するしかありません。そこで、悪質な第三者割当増資に対しては、取引所による上場会社の規制（8節）や証券取引等監視委員会によるエンフォースメント（第6章6節⑵、第9章3節）により補う必要が生じています。

### ⑸ クラウドファンディング

クラウドファンディングとは、企業と投資家とをインターネットサイト上で結びつけ、多数の投資家から少額ずつ資金を集める仕組のことをいいます。クラウドファンディングには、寄付型、商品購入型、投資型がありますが、投資型は匿名組合契約を使って流動性の低い有価証券を発行するもの（⑶）のみが行われており、株式を発行するものはありませんでした（図2－1）。株式の発行により資金調達を行う場合、企業と投資家を結ぶプラットフォームの運営業者は、登録要件の厳格な第1種金融商品取引業者になる必要があるからです（1章5節⑶参照）。アメリカでは、２０１２年に**JOBS法**（Jumpstart Our Business Startups Act）が制定され、投資型クラウドファンディングが容易になりました。日本でも、平成26年の改正により、クラウドファンディングのみを行う専業業者の登録要件を緩和しつつ、業

図2-1 クラウドファンディングの3形態

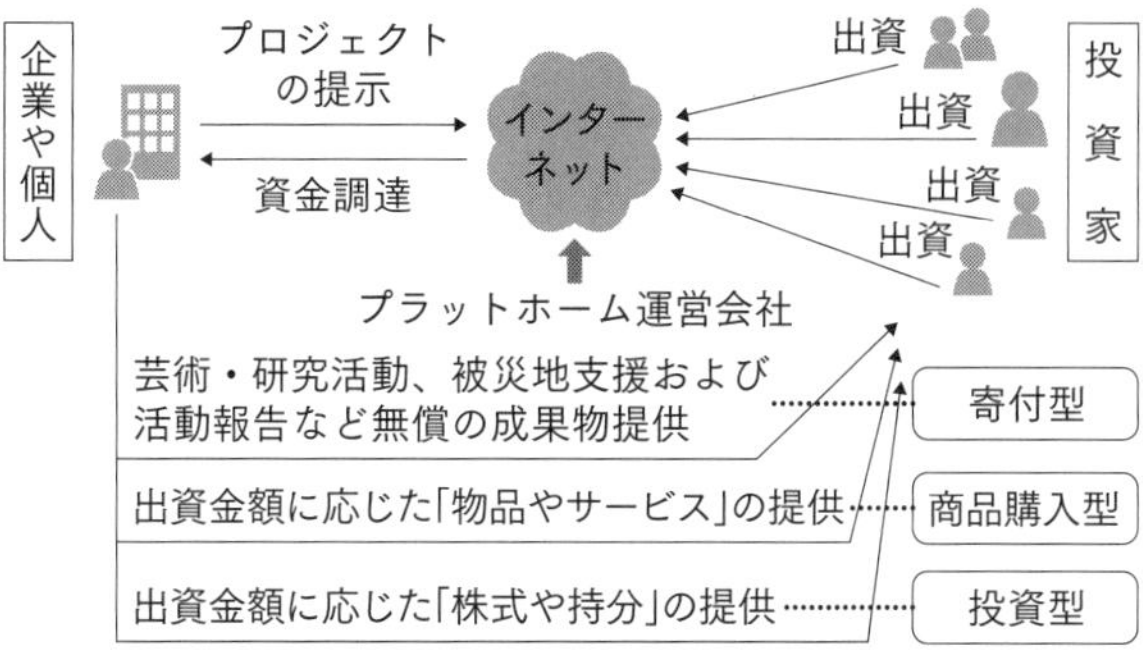


者規制を通じて投資家の保護を図る制度が導入されました。

プラットフォームの運営業者の登録要件が緩和されるクラウドファンディングは、募集総額が1億円未満、1人当たりの投資額が50万円以下の募集または私募に制限されます。募集総額が1億円未満なので、発行者は有価証券届出書の提出を免除され（4条1項5号）、ディスクロージャー規制は適用されません。そこで、発行者の情報を投資家が入手できるように、運営業者は、発行者の事業計画、資金使途、特有のリスクなどについてインターネットを通じて情報提供を行う義務を負います（43条の5）。投資家1人当たりの投資額を制限したのは、少額の資金を多数の者から集めるというクラウドファンディングの特性を捉えたものですが、同時に、投資家の自己責任原則から離れ消費者保護の考え方を取り入れたものといえるでしょう。

株式投資型クラウドファンディングによる資金調達は2017年以降の3年間で161件、51億円超に上り、制度は比較的利用されているといえそうです。さらなる利便性の拡大を目指して、発行総額の算定方法の見直しやプロ投資家に対する投資額制限の撤廃が予定されています。

## 3 簡易なディスクロージャー

有価証券届出書に記載する情報を集め、その真実性を確認し、届出書を作成するには多額の費用がかかります。また、有価証券届出書の提出を要する募集・売出しを行った発行者は、以後、原則として有価証券報告書等により継続的に情報を開示する義務を負い、継続開示のコストも負担することになります（第3章1節）。このような発行者のコストを考慮して、1億円以上5億円未満の募集・売出しについては、有価証券届出書の記載内容を簡略化することが認められています（**少額募集**、5条2項）。少額募集を行った発行者は、継続開示についても簡略化が認められています。この制度は非上場会社が利用することを念頭に置くものです。

発行開示の簡素化は、非上場会社とは別の理由で、上場会社についても認められます。株式を上場し、その流通量が多い発行者は、証券アナリストによってよく分析されているので、発行者に関する情報が証券の市場価格に反映していると考えられ、証券発行の際に改めて企業情報を開示させる必要性は乏しいと考えられます。そこで、①1年以上継続して有価証券報告書を提出し、かつ、②株式の年間売買金額および時価総額が一定の額を上回る発行者は、有価証券報告書等の記載を参照すべき旨を有価証券届出書に記載することによって、企業情報の記載に代えることができます（**参照方式**、5条4項）。

また、①の要件のみを満たす発行者は、有価証券報告書等を届出書に組み込むことによって企業情報の記載に代えることができます（**組込方式**、5条3項）。目論見書（7節）も同じ要領で作成でき、これによって情報作成のコストや目論見書印刷のコストを節約することができます。現在、上場会社株式の公募発行は、ほとんどが参照方式で行われています。これに対し、いずれの要件も満たさない発行者、たとえば、株式の公開に際して募集や売出し（大株主が保有株式を分売すること）を行う場合（**IPO** initial public offering）の発行者は、有価証券届出書に最新の企業情報を書き込まなくてはなりません。

参照方式の要件を満たす発行者は、**発行登録制度**を利用することができます。これは、あらかじめ証券の発行総額、発行期間を定めて発行登録書を提出しておくと、個々の証券発行の際には発行登録追補書類を提出するだけで、即日証券を売り付けることができる制度です（23条の3）。金利情勢を見ながら機動的に発行を行う必要のある社債・CP、買収防衛策として発行する新株予約権などで利用されています。

## 4 届出書の審査と監査

有価証券届出書が提出されると、内閣総理大臣（実際には財務局）がその内容に不足がないか、虚偽がないかを審査します。不足や虚偽があるときは、内閣総理大臣は訂正届出書の提出を命令することができます（10条1項）。すでに届出書の効力が発生しているときは、証券の販売を止めるため届出書の効力を停止させることもできます（10条1項）。さらに、届出なしに証券を多数の者に販売している場合のように、投資家被害の拡大を防ぐために緊急の必要があるときは、内閣総理大臣が裁判所に対し**緊急差止命令**の発令を請求することができます（192条）。

有価証券届出書の記載事項のうち、財務計算に関する書類（財務諸表、連結財務諸表）については、発行者と利害関係のない公認会計士・監査法人による監査を受けなければなりません（193条の2）。「利害関係がある」とはどのような場合かについては、人的関係、資本関係の側面から細かい規定が用意されていますが、それらに該当しない場合でも包括条項が適用されるため、利害関係の有無についての実質的な判断が必要になります。

日本の会計監査制度は、証券取引法上の財務諸表監査から始まりました。**公認会計士**は財務書類の監査を職業とする専門家であり、公認会計士になるには国家試験に合格し、公認会計士協会に登録しなければなりません。**監査法人**は、5名以上の公認会計士を構成員として、内閣総理大臣の認可を受けて設立される法人です。公認会計士や監査法人が故意または過失によって不当な監査証明を行った場合には、内閣総理大臣は、業務の停止、登録の抹消などの懲戒処分をすることができます（公認会計士法30条、34条の21）。法は、会社から独立した立場にある会計の専門家による監査を受けさせ、かつ専門家に公的な規制を加えることによって、財務書類が発行者の状況を適正に表示するよう確保しようとしているのです。

２００６（平成18）年5月に、**カネボウ**の粉飾決算に関して担当会計士に登録抹消等の処分が、担当会計士が所属する監査法人に業務の一部停止処分が下されました。このケースでは担当会計士が粉飾に積極的に関与していたといわれており、後に刑事訴追されています。また、4大監査法人のひとつであった所属監査法人が２００7年7月に解散に追い込まれるなど、公認会計士・監査法人の信頼性を大きく揺るがす事態に発展しました。

このような会計不祥事を受けて、①監査人（公認会計士または監査法人）の業務管理・ガバナンス・ディスクロージャーの強化、②監査人の独立性の強化、③監査人の責任の強化を柱とする公認会計士法の改正が平成19年7月に行われました。このうち、②では、監査人が上場会社等の財務書類に重要な影響を及ぼす不正・違反行為を発見した場合に、監査役等に報告するなどの手続をとらなければならず、それでも改善が図られないときは、意見を内閣総理大臣に申し出なければならないとしたこと（193条の3）、③では、監査人の違反行為を抑止するために**課徴金制度**を設けたこと（公認会計士法31条の2、34条の21の2）が、とくに重要です。上場会社の継続開示書類の適正性の確保については、第3章4〜6節で説明します。

## 5 不実の発行開示と民刑事の責任

有価証券届出書に記載された情報の正確性を担保するには、いろいろな工夫が必要です。前節で述べた行政による審査や公認会計士・監査法人による監査は、その工夫の一部であり、そのほかには、関係者の刑事責任、民事責任、課徴金が用意されています。

重要な事項につき虚偽の記載がある有価証券届出書を提出した者（発行者の代表者など）には、10年以下の懲役、1000万円以下の罰金、またはその両方が科せられます（197条1項1号）。西武鉄道、カネボウ、ライブドアなどの虚偽記載事件を教訓に、平成18年の改正で罰則が引き上げられました。罰則が強化されると一般に犯罪の抑止力は向上しますが、すでに犯罪に手を染めた者に対しては、犯罪を中止するインセンティブを与えることができず、かえって隠蔽工作に追い込んでしまうことが危惧されます。

発行者の代表者などが法人の財産または業務に関し虚偽記載を行ったときは、両罰規定

（207条）に従い、発行者に7億円以下の罰金が科せられます。法人に罰金を科すことにより、犯罪行為の抑止効果を高めようとする規定です。有価証券届出書の虚偽記載が法人の業務と無関係に行われることは、まず考えられません。記載すべき重要事項の記載が欠けていることが「虚偽の記載」に当たるかどうかについては、争いはありますが、当たると解すべきです。なお、虚偽記載の罪が成立するためには、行為者が虚偽であると認識していることが必要です。

有価証券届出書に虚偽または誤解を生じさせる記載があった場合の民事責任規定は、かなり複雑です。法はさまざまな関係者に民事責任を課すことにより、記載の正確性について関係者に注意を払わせ、その効果として、記載の正確性を高めようとしているのです。

まず、民事責任を生じる虚偽記載等とは、①重要な事項についての虚偽の記載、②記載すべき重要な事項の記載が欠けているもの、および③誤解を生じさせないために必要な重要な事実の記載が欠けているものです（18条ほか）。これらは、有価証券報告書等の継続開示書類の虚偽記載等についても同様です（第3章5節）。③により、たとえ法令により個別的に記載が要求されていない事実であっても、それを記載しないことにより有価証券届出書が投資家に誤解を与える場合には、発行者その他の関係者に損害賠償責任が生じることになります。いいかえると、関係者は、法令で要求されている事実だけを記載すればよいのではなく、届出書が誤解を与えないためには何を記載すべきかということに注意を払わなければなりません。アーバンコーポレイションの虚偽記載事件では、新株予約権付社債を発行して得た資金の全額を発行者が証券会社に支払うスワップ契約を締結している場合に、スワップ契約の記載を欠く臨時報告書は②または③に当たると判断されました（最高裁平成24年12月21日判決）。

虚偽記載等のある届出書を提出した発行者は、募集に応じて有価証券を取得した者（虚偽記載等を知っていた者を除く）に対し、損害賠償責任を負います（18条1項）。この責任は無過失責任です。賠償額は、投資家が取得のために支払った額から、①請求時の証券の市場価額（市場価額がないときは、処分推定価額）を、②請求時前に証券を処分したときは処分価額を差し引いた額であり、証券の値下がりが虚偽記載等以外の事情で生じたことを発行者が証明した場合には、賠償額が減額されます（19条）。発行者は、不実の届出書により有価証券を発行して投資家から資金を得ているので、その取引を取り消して、投資家を取引前の状態に置くのと同じ効果を生じさせるような賠償を投資家に与えるべきであるという考え方から、この規定はできています。たとえば、証券の募集価格が1株10万円、虚偽記載等の発覚により価格が下落し請求時に6万円になっていたとすると、投資家は1株につき4万円の賠償金を得ることができ、手元にある証券と合わせて、取引前と同じ財産状態になるわけです。

届出書の虚偽記載等については、発行者のほかに、①提出会社の役員（取締役、監査役、執行役等）、②公認会計士・監査法人、③元引受契約をした金融商品取引業者・登録金融機関も責任を負います（21条1項）。①の者は、虚偽記載等を知らず、かつ、相当な注意を用いたにもかかわらず知ることができなかったことを立証した場合に限り、責任を免れます（同条2項1号）。このことは、届出書を作成した取締役だけでなく、他の取締役や監査役も相当な注意をもって届出書の内容を審査しなければならないことを意味します。②の者は、虚偽記載等のある財務書類について虚偽記載等がないものとして監査証明をしたことの責任を問われ、監査証明について故意または過失がなかったことを立証した場合に限り責任を免れます。

③の者は、発行者との間で残額引受契約または買取引受契約を締結し（同条4項）、証券の売れ残りリスクを負担する元引受証券会社等のことであり、発行者が作成する届出書につき特別の責任を負います。すなわち、届出書の記載のうち、(a)財務書類以外については虚偽記載等を知らず、かつ、相当な注意を用いたにもかかわらず知ることができなかった場合を除いて、責任を負担し、(b)財務書類については、虚偽記載を知らなかった場合を除いて責任を負うと規定されています（同条2項3号）。(b)の責任が(a)より軽減されているのは、財務書類については公認会計士・監査法人による監査が行われるからですが、証券会社が目論見書を

使用して勧誘を行う場合には、目論見書に含まれる財務書類についても過失責任を負うことになるため（17条）、実務では、元引受証券会社等は、無過失を証明しない限り責任を負うことを前提として、**引受審査（デュー・ディリジェンス）**を行っています。

２００９年にＩＰＯを行って株式を新規上場した会社が、上場前から長年にわたり粉飾決算を行っており、上場直前の売上高の9割が架空であったとして、上場制度や取引所への信頼を揺るがせた**ＦＯＩ事件**においては、元引受証券会社や上場審査を行った自主規制法人（第5章4節⑵）の民事責任が争われました。元引受証券会社が財務書類の虚偽記載を知らなかったから責任を負わないと主張したのに対し、裁判所は、会計監査を経た財務情報についても監査の信頼性の基礎に重大な疑義を生じさせる情報に接した場合には、当該疑義の内容に応じて、監査が信頼性の基礎を欠くものでないことにつき調査確認を行うことが求められると判示して、元引受証券会社のうち主幹事証券会社の責任を認めました（最高裁令和2年12月22日判決）。虚偽記載を知らなければ責任を負わないとする規定の不備を補う画期的な判決だといえます。

監査法人や引受証券会社がいなければ発行者は資本市場へのアクセスを断たれることになりますので、これらの者は**ゲートキーパー**（gatekeeper）と呼ばれています。ゲートキーパーに法的責任を課すことにより、第一次的な違法行為者である発行者の行動を抑止し、あるいはゲートキーパーが発行者を選別する効果が期待できます。他方、監査法人や引受証券会社は、これから上場する会社のように知名度の低い発行者の証券でも一般投資家が安心して購入できるよう、自己の評判を発行者に与える**評判の仲介者**（reputational intermediary）として機能しています。評判の仲介者は、発行者が虚偽記載等をした場合にリスクに晒す評判の大きさに比べて受け取る報酬が極端に低いので、ふつうは発行者の虚偽記載等その他の詐欺行為に協力することはないと考えられます。しかし、**エンロン事件**では、エンロンに評判を貸与した会計事務所（アーサー・アンダーセン）が解散に追い込まれました。日本でも、カネボウの粉飾決算をはじめとしていくつかの粉飾事例で名前が取り沙汰された会計事務所（旧**中央青山監査法人**）が解散に追い込まれており、巨大会計事務所の会計士が上場企業の粉飾決算に関与したのはなぜかが問われています。評判の仲介者にゲートキーパーとしての機能を果たさせるには、どのような法的責任を課したらよいかは、大変難しい問題であり、世界的に議論の的になっています。

## 6　不実の発行開示と課徴金

発行開示書類に虚偽記載があれば関係者が刑事罰の対象になりますが、刑事罰は対象者に与える影響が極めて大きいために抑制的に運用する必要があり、違反行為のすべてに違反の態様に応じた処罰を与えることは困難です。他方、民事責任は、それを追及するかどうかが投資家の判断に委ねられているうえ、日本には少額の請求を糾合する**クラスアクション**の制度がないため、十分な抑止力を発揮できているとはいえません（第9章6節参照）。そこで違反行為に対する抑止力を働かせるために、違反行為の程度や態様に応じて金銭的負担を課す課徴金制度が平成16年改正で導入されました。**課徴金制度**の対象は、①発行開示違反、②継続開示違反、③風説の流布・偽計取引、④相場操縦、⑤インサイダー取引に限定されていましたが、平成20年改正は、その適用対象を公開買付規制違反や各種書類の不提出などに拡大するとともに課徴金額を引き上げました。

虚偽記載等のある有価証券届出書等を提出した発行者には、発行価額の2・25％（株券等は4・5％）の課徴金が課せられます（172条1項1号）。2・25％とか4・5％という数値は、虚偽記載等のある発行開示書類を用いて有利な条件で証券を発行したことから発行者が得た利得を基準として設定されたものです。これまで有価証券届出書等の虚偽記載に対し課徴金が課された例が相当数あります。

もっとも、発行者が得た経済的利得相当額を吐き出させるだけでは、違反行為を抑止する効果を十分に発揮できません。また、発行価額の一定割合を課徴金の額とするのでは、違反の程度に応じた制裁を課すことにはならないでしょう。虚偽記載等に関与した役員等は、自己が売出しにより有価証券を売り付けた場合に限り、売出価額の2・25％（株券等は4・5％）の課徴金が課せられます。

虚偽記載等のある財務書類を虚偽記載等がないものとして監査証明をした監査人（公認会計士・監査法人）に対しては、公認会計士法上の課徴金が課されます（公認会計士法31条の2、34条の21の2）。この制度では、相当の注意を怠ったことにより虚偽証明をした監査人には、虚偽証明期間に係る監査報酬の額を課徴金として課し、故意により虚偽証明をした監査人には、その1・5倍の課徴金を課すことにしています。つまり、ここでは課徴金は経済的利得の剝奪に限定されるという考え方は克服されています。

## 7　証券発行の取引規制

新規発行証券に関する正確な情報が開示されても、その情報に基づかないで投資決定が行われていたのでは、ディスクロージャーの目的は達成されません。そこで法は、正確な情報に基づいた投資決定を確保するために、証券発行の取引に規制を加えています（図2－2）。

届出書が提出されてから、15日後に届出書の効力が発生するまでの間、証券会社等は投資家に対し証券の取得を勧誘することが許されますが、取得契約を締結することはできません（15条1項）。届出書の情報が公開されて広く行き渡り、投資家がその情報を熟慮する期間が

**図 2-2 証券発行の取引規制**

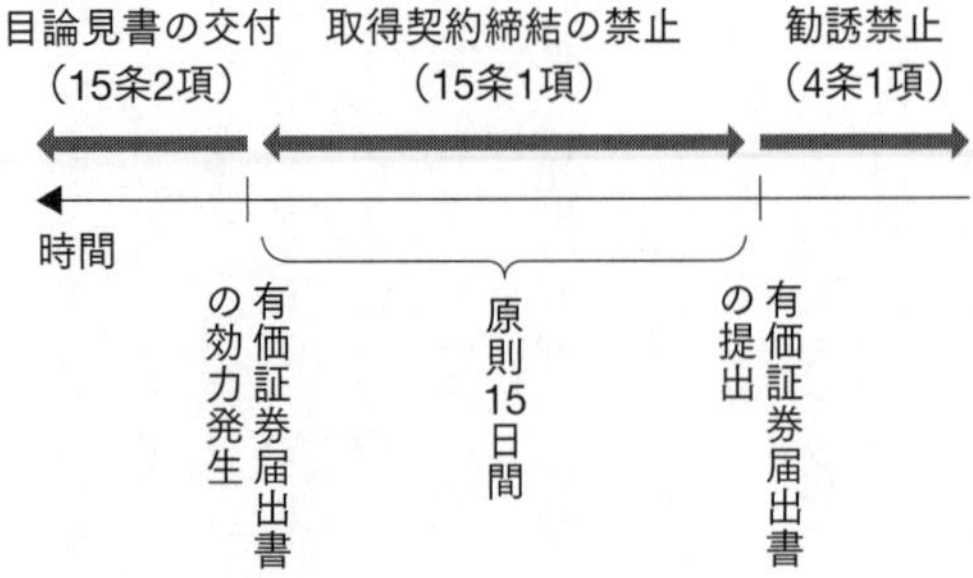


必要だからです。参照方式の利用適格要件を満たす場合は、発行者に関する情報が市場に行き渡っていると考えられるので、効力発生までの期間は7日間に短縮されます。さらに、参照方式の利用者で売買代金の年間合計額および時価総額がともに1000億円以上の証券の発行者は、多くのアナリストが分析の対象としている「特に周知性の高い企業」であるとして、届出書の提出後ただちに証券を売り付けることが認められています。届出書の効力が発生していないのに証券を売り付けた者は、証券を取得した者に対し違反行為から生じた損害を賠償する責任を負います（16条）。この責任は無過失責任ですが、原告（証券取得者）の側で損害額を立証しなければならないので、その追及は難しいといわれています。

届出書の情報を熟慮する期間が確保されても、届出書の情報と異なる情報で勧誘が行われ、その結果、投資決定が行われるのでは、やはり法の目的は達成できません。そこで法は、届出書の情報を基にした**目論見書**を発行者に作成させ（13条1項）、勧誘はできるだけ目論見書を用いて行うよう仕向けています。目論見書以外の販売用資料を使って勧誘することもできますが、虚偽または誤解を生じさせる表示をしてはなりません（13条5項）。

目論見書は、契約締結と同時かそれ以前に投資家に交付しなければなりません（15条2項）。目論見書は届出書の情報によって投資決定がなされるようにするための制度ですから、本来は、契約締結よりも前に目論見書を交付することが望まれます。目論見書の交付は、あらかじめ承諾した投資家に対し、Eメールの送信やウェブサイトへの掲示により行うこともできます。目論見書を交付せずに証券を売り付けた者も、取得者に対して無過失の損害賠償責任を負担します（16条）。この場合、取得者側で、もし目論見書の交付を受けていたら証券を取得しなかったであろうことを立証しなければなりませんが、目論見書にはリスク情報のように投資意欲を削ぐような情報も記載されていますので、この立証はそれほど難しくないでしょう。

発行者が一般の投資家から資金を調達する公募増資では、発行者の既存の株主の利益を損なわないように募集価格を市場価格の近くに設定する必要がある反面、募集期間中に株価が募集価格を下回ると募集に応じる投資家がいなくなるので、市場価格よりややディスカウントした価格にする必要があります。このため、市場価格より低い募集価格で買い戻すことによって利益を得ようとする**空売り**（株式を借りて市場で売る行為）が誘発され、このような空売りが、大型公募増資の公表前後に発行者の株価が大幅に下落する現象（第6章2節(5)）の一因になりました。そこで、平成23年の改正では、募集に応じて取得した株式で空売りのために借りた株式を返す行為を禁止しました。

## 8 資産金融型証券のディスクロージャー

### (1) 法定開示

金融商品取引法は、資産金融型証券の範囲およびディスクロージャーの内容について、具体的には政令および内閣府令で定めていますが（令2条の13、特定有価証券開示府令）、そこでは、裏づけとなる資産の内容に関する情報や運用者・運用サービスの内容に関する情報が投資家の投資判断にとって重要になるため、そのような実態に応じた開示内容を定めています。たとえば、いわゆるファンド・オブ・ファンズについては、投資先ファンドの名称、運用の基本方針、主要な投資対象等の記載を求め、不動産に投資を行う有価証券について、不動産の構造・現況、第三者による調査結果の概要の記載を求めています。

## (2) 証券化商品の開示

世界的な金融危機を招いたアメリカの**サブプライム・ローン**の**証券化商品**も資産金融型証券でした。サブプライム・ローンの証券化商品とは、低所得者向けの住宅ローン債権のプールを取得した投資銀行が、これを債務不履行のリスクによって複数のクラスに分類し、それぞれのクラスの証券を裏づけとする証券を特別目的会社が発行するものであり（このプロセスを数回繰り返すこともある）、住宅ローン債権またはその証券化商品のキャッシュフローを裏づけとして発行されていました。証券化商品を購入していたのは金融機関や機関投資家などのプロ投資家でしたが、証券化のプロセスが複雑であったため、投資家が証券化商品の裏づけとなる資産の情報を十分に把握できず、格付に依存したために、投資判断を誤ったといわれています。そこで各国では、格付業者の規制（第8章8節）を導入するとともに、証券化商品の開示をどのように行わせるかを検討しています。

日本では、証券化商品は私募の形式で販売されることが多いので、法定開示制度の見直しは行わず、監督指針と自主規制により対応しました。すなわち、日本証券業協会の「証券化商品の販売等に関する規則」によると、証券化商品の販売を行う証券会社は、販売に先立って原資産の内容やリスクに関する情報を収集し、販売時にこれらを顧客に伝達し、販売後は、顧客の要望があれば、その時点での情報を収集して伝達すべきものとしています。

## 9 売出しの規制

すでに発行された1億円以上の有価証券を取得させるために50名以上の者に対して勧誘を行う場合には「売出し」に該当し、発行者が有価証券届出書を提出していなければ、勧誘をすることができません（4条1項）。売出しを行うのは大株主や大株主の委託を受けた証券会社等ですが、届出書を提出するのは発行者です。ですから、売出しの届出は、大株主が発行者の協力を得られることが前提となっているのです。

従来、売出しは「均一の条件」によることが要件とされていました。この要件がないと、証券会社等が日常的に行っている金融商品市場での有価証券の売買の勧誘行為が売出しに該当しかねないからです。しかし、一方で、金融商品市場における取引が適用除外とされて障害が取り除かれるとともに、他方で、海外で発行された証券を短期間で国内に持ち込み、売出価格を小刻みに変更して勧誘するような事例も出てきました。そこで平成21年の改正により、売出しの定義から「均一の条件」を削除するとともに（2条4項）、海外発行証券の国内販売についてのルールを設けることにしました（4条1項4号）。

海外発行証券の国内売出しを行う場合、①インターネット等の利用により当該証券の国内での売買価格に関する情報の取得が容易であり、当該証券が外国において継続的に売買されており、インターネット等の利用により発行者に関する情報（日本語または英語に限る）の取得が容易であるという要件を満たすときには、有価証券届出書の提出義務が免除されます。ただし、勧誘の相手方に対し金融商品取引業者が外国証券情報を提供しなければなりません（27条の32の2）。②①の要件に加えて、一定の種類の有価証券であって2以上の金融商品取引業者によりその売買が国内で継続して行われる場合には、届出だけでなく外国証券情報の提供も免除されます。そして、③①②に該当しない場合には、原則どおり発行開示規制が適用されます。①の例としては外国会社株式、②の例としては外国国債が考えられるところです。ここにも、ディスクロージャー規制の柔軟化・柔構造化の傾向が見てとれます。

# 第3章 上場会社のディスクロージャー

## 1 継続開示義務

継続開示とは、有価証券の発行者による流通市場に向けられた情報開示のことをいいます。法は、流通市場で証券取引を行う投資家の投資判断に資するために、一定の発行者に継続開示を強制しています。継続開示は投資家の利益になることを通じて間接的に発行者の利益になりますが、他方、継続開示義務を履行するには情報の作成と開示の手続に多大なコストがかかります。そこで法は、投資家にとっての情報の必要性と情報開示に要する発行者のコストを勘案して、どのような場合に開示義務を課すかを定めています。

継続開示義務が課せられるのは次の者です（24条）。①上場証券の発行者、②店頭売買有価証券の発行者、③過去に募集・売出しを行った証券の発行者、④資本金5億円以上・株主1000名以上の株式会社等。現在②に該当する者はありません。③は、証券の募集・売出しをすると証券保有者が多数に上り、証券保有者が発行者に関する情報を必要としているため、継続開示義務を負わせたものです。したがって、証券保有者の数が少なくなったときは内閣総理大臣の承認を得て開示義務を免れることができます。この免除要件は平成18年の政令改正により緩和され、株券の募集・売出しについては、直近5事業年度のすべての末日における株券所有者数が300名未満であるときに免除を受けられるようになりました。

④の者に開示義務を負わせるのは、株主が1000名以上いる株式会社なら、上場していなくても株券が流通すると考えられ、したがって情報を必要とする投資家がいるからです。資本金5億円以上の株式会社に限定したのは、会社の開示コストを考慮したものです。そこで、株主数が300名未満に減少したとき、または資本金が5億円未満となったときは、④の者は開示義務を免除されます。以上から、株券の上場が廃止されても、③または④の要件を満たす発行者は依然として継続開示を行わなければなりません。なお、④を**外形基準**と呼びます。

## 2　開示の形式

継続開示の媒体は、平成18年改正前までは①有価証券報告書、②半期報告書、③臨時報告書の3つでした。金融商品取引法では、上場会社以外について右記の3媒体を維持しつつ、上場会社には半期報告書に代えて四半期報告書による開示を求めています。これは、上場会社のディスクロージャーに対する需要が高まっていることに対応するとともに、上場会社以外の発行者については、ディスクロージャーの負担が重くなりすぎないように配慮するものであり、規制の柔軟化・柔構造化のひとつの表れといえるでしょう。

発行者は、事業年度ごとに、その終了後3カ月以内に、**有価証券報告書**を作成し、

**EDINET**により内閣総理大臣に提出しなければなりません（24条1項）。提出された有価証券報告書は、財務局、発行者の本店および主要な支店、金融商品取引所、および認可金融商品取引業協会で5年間公開され、投資判断の材料として利用されます（25条）。

現行制度の開示内容を内国会社について見ると、「第一部　企業情報」として、①企業の概況、②事業の状況、③設備の状況、④提出会社の状況、⑤経理の状況、⑥株式事務の概要、⑦提出会社の参考情報が記載され、このうち①・③および⑤は、連結情報を中心に記載がなされます（開示府令3号様式）。「第二部　保証会社等の情報」には、社債の保証者に関する情報や、他社株償還条件付社債の他社の状況のように、投資判断に重要な影響を及ぼすと考えられる発行者以外の会社の情報が記載されます。有価証券報告書の記載事項のうち、財務計算に関する書類（財務諸表、連結財務諸表）については、発行者と利害関係のない公認会計士・監査法人による監査を受けなければなりません（193条の2）。

**半期報告書**とは、事業年度が1年である会社が、事業年度開始から6カ月間の営業および経理の状況を開示する書類であり、6カ月経過後3カ月以内に内閣総理大臣に提出されなければなりません（24条の5第1項）。半期報告書の記載内容は有価証券報告書に比べると簡素化されていますが、半期報告書中の財務諸表・連結財務諸表には公認会計士・監査法人による監査が必要です。

**四半期報告書**とは、3カ月ごとに発行者の経営成績や財政状態を開示させる制度です。アメリカでは早くから四半期報告が導入されていましたが、日本では、四半期ごとに経営成績等の開示を求めると、経営者が業績の季節的変動を無視した短期的利益の追求に走るようになるなどの批判があり、法制化が遅れていました。

金融商品取引法（平成18年改正）は、企業を取り巻く経営環境の変化が激化していることを考慮して、企業業績をよりタイムリーに開示させる四半期開示制度を、それまでの取引所の自主規制から民刑事の責任と課徴金が伴う「法定開示」に引き上げ（24条の4の7）、かつ四半期報告書に含まれる財務諸表につき公認会計士・監査法人による監査を求めることにしました。四半期報告書の開示内容には、連結ベースの四半期の財務情報のほか、財政状態・経営成績等の分析、企業・事業等の状況、株式等の状況などの**非財務情報**も含まれます。また、四半期報告書は、情報の正確さを損なわない範囲で、できる限り早期の開示が求められることから、四半期終了後45日以内に提出しなければなりません（令4条の2の10第3項）。ただし、四半期報告書の提出が強制されるのは上場会社だけであり、それ以外の継続開示会社は任意に四半期報告書を提出することができます。四半期報告書中の連結財務諸表にも公認会計士・監査法人による監査が必要ですが、監査はレビューと呼ばれる、通常の財務諸表の監査より保証の水準の低いものでよいとされています。なお、四半期報告書を提出する会社は、半期報告書を提出する必要はありません。

以上の開示書類は、いずれも情報を定期的に開示するものですが、発行者に一定の重要な事実が発生したときは、定期的開示の合間であっても、**臨時報告書**の提出が義務づけられます（24条の5第4項）。臨時報告書の提出が求められる主なものは、①外国での株券等の募集・売出し、②1億円以上の株券等の私募、③親会社・特定子会社の異動、④主要株主の異動、⑤重要な災害、⑥損害賠償訴訟の提起、⑦株式交換、⑧株式移転、⑨会社分割、⑩合併、⑪事業譲渡・事業譲受け、⑫代表取締役の異動、⑬監査法人の異動、⑭上場会社の株主総会決議、⑮破産の申立て等、⑯債務者・保証先の取立不能といった事項です。⑤～⑪およ び⑯は一定規模以上のものに限定され、⑦～⑪はそれぞれの行為について会社で機関決定が行われたことが提出事由になります。⑬は財務書類や内部統制報告書に投資家の注意を向けるため、⑭は株主総会における議決権行使結果の開示を求めるものです。このほか、⑰提出会社の財政状態および経営成績に著しい影響を及ぼす事象が発生した場合という包括条項が設けられており、⑱連結子会社に重要事実が生じた場合、⑲連結子会社の財政状態・経営成績に著しい影響を及ぼす事象が発生した場合にも、臨時報告書を提出しなければなりません。

証券発行時の開示書類と同様に、有価証券報告書・半期報告書・四半期報告書・臨時報告

書・内部統制報告書（4節）などの継続開示書類に、虚偽または誤解を生じさせる記載（虚偽記載等）があった場合には、内閣総理大臣は訂正報告書の提出を命じることができます。また、これらの書類を提出しなかった場合には、刑事責任を問われます（197条の2第6号）。

## 3 継続開示の内容

有価証券報告書などの継続開示書類には、投資判断にとって重要な情報が記載されますが、何が投資判断にとって重要な情報かは、時代や企業が置かれている状況、投資家の層によって異なります。以下では、重要な開示項目や最近の改正状況を紹介します。

### (1) 連結情報・セグメント情報の開示

証券取引法では従来から企業集団全体の財政状態・経営成績を表示する**連結財務諸表**の作成・開示を求めてきましたが、投資家の投資判断も連結の情報を重視するものに変わってきたため、平成12年度からは、財務情報についても非財務情報（企業の概況、事業の状況、設備の状況など）についても**連結情報**を主とした継続開示書類の作成を求めています。また、連結ベースの情報開示が充実すると、事業の部門別や地域別の経営成績を示す**セグメント情報**の開示が投資判断にとって重要になるため、財務情報については売上高、営業損益等のセグメント別情報を財務諸表に注記し、非財務情報についても、ほとんどの項目を事業の種類別ないし所在地別のセグメントに区分して開示させるようにしています。

### (2) 国際会計基準の適用

有価証券報告書中の連結財務諸表は、一般に公正妥当と認められる企業会計の基準に従って作成されます。この企業会計の基準として、EUでは、国際会計基準委員会(IASB)が公表する**国際会計基準(IFRS** International Financial Reporting Standards)が強制適用されています。企業の会計情報の国際比較を容易にするために、日本でも、2010年3月期から国際会計基準の任意適用が始まりました。

国際会計基準は時価主義を徹底した会計基準であり、資本取引を除く純資産の増分を**包括利益**として表示します。この結果、包括利益がそのまま配当されるわけではありませんが、企業の見かけ上の利益は、保有する資産や負債の時価によって大きく変動することになります。また、国際会計基準は、企業による将来予測(見積もり)によって利益の額が大きく異なる基準であり、その採用は投資家の投資判断だけでなく企業経営にも大きな影響を与えるでしょう。

### (3) 非財務情報の開示

企業情報のうち財務情報以外の情報を**非財務情報**といい、数字ではなく文章で記載されるところから記述情報ともいいます。非財務情報は、企業がどのような経営環境にあり、経営者がどのように企業を経営しようとしているかを知るという意味で投資家の投資判断にとって重要であるだけでなく、機関投資家と企業との建設的な対話を促進する（その結果、企業が持続的に成長するというのがスチュワードシップ・コードの考え方）という意味でも重要です。そこで、非財務情報の開示は近年の改正で詳細なものになってきました。有価証券報告書中の重要な非財務情報としては、経営方針、経営環境および対処すべき課題、リスク情報、経営者による経営分析（MD&A）、**コーポレート・ガバナンス**の状況があります。

ガバナンス情報については、現在ではコーポレートガバナンス・コードに従った詳細な開示が行われていますが、有価証券報告書中でも、1億円以上の役員報酬の個別開示、および**政策保有株式**（持合い株式）の開示はなお重要です。会社法学者は、長年、役員報酬の個別開示を求めてきましたが、日本では役員の報酬額は個人のプライバシーであるとしてその公表に対する抵抗が強く実現しませんでした。平成22年にこれが金商法で実現したのは、内閣府令の改正でできたことと当時の金融担当大臣の政治的判断によるものです。もっとも、非金銭報酬や業績連動型報酬が増えている現在では、報酬制度の全体像を示す情報のほうが重要です。そこで、業績連動報酬とそれ以外の報酬の支給割合、業績連動報酬に係る指標、当該指標を選択した理由、報酬委員会の活動内容といった情報の開示も、有価証券報告書において求められています。役員報酬の個別開示については、２０１０年度から２０１７年度までの報酬が合計１７０億円であったのに79億円と記載して有価証券報告書の虚偽記載罪に問われた日産の元ＣＥＯカルロス・ゴーン氏の事例が社会の注目を集めました（現在、共犯を問われた者の裁判が日本で行われています）。1億円以上の役員報酬の個別開示を求めると、世間からの批判を避けるために報酬額が低く抑えられることが懸念されましたが（ゴーン氏の事例はその悪い例です）、個別開示の件数は増加しており、取締役の報酬が抑えられることはなかったようです。

政策保有株式については、会社によるその定義、保有方針、保有の合理性を検証する方法、保有の適否に関する取締役会等の検証の内容、銘柄数・金額の増減、額の大きい60銘柄についての個別情報等の開示が求められます。開示内容から想像がつくように、これらの開示は　資本効率の低い銘柄を手放すよう機関投資家から発行者へ圧力が加わることを期待したものです。

## (4) ＥＳＧ情報の開示

多くの上場企業は、有価証券報告書等の法定開示書類のほかに、**サステナビリティ**（持続可能性）報告書、統合報告書といった報告書を事業年度ごとに作成してウェブ上で公開し、Ｅ（環境）、Ｓ（社会）、Ｇ（ガバナンス）の課題への企業の取組みを利害関係者に向けて示しています。Ｅには気候変動、環境汚染、資源枯渇、生物多様性、水資源、Ｓには製品の安全性、データセキュリティ、人権、地域社会、顧客の利益が、Ｇには法令遵守体制、リスク管理、労働者の健康と安全、給与格差、腐敗防止などの課題が含まれます。これらの**ＥＳＧ情報**の開示は従業員、顧客、地域社会、さらには広く世界に向けられたものであり、社会や環境にとって重要な事項が開示される点で法定開示とは異なります。他方、ＥＳＧ情報が任意開示にとどまっていると、企業にとって都合の悪い情報が秘匿されたり、開示の規格が揃わないため比較可能性が低いなどの問題があります。ＥＵでは、ＥＳＧ情報の開示を上場企業および大企業に求めるサステナビリティ報告書案が公表されており、２０２３年から実施予定です。日本でも、２０５０年までに脱炭素社会を実現するという政策（２０５０年カーボンニュートラル宣言）に沿って、とくに気候変動について国際的な比較可能性を確保しつつ法定開示に取り込む検討が始まっています。その際、気候変動が企業に与える影響は投資判断にとって重要であるから開示の対象とすること（シングルマテリアリティ）に異論はないものの、企業が気候変動に与える影響も開示の対象にする（ダブルマテリアリティ）かどうかが重要な論点になるでしょう。

## 4 確認書と内部統制報告書

アメリカでは2001年ころに一連の会計不正事件が発覚した際、政府が上場企業の代表者に対して開示書類の適正性に関する確認を求め、この制度が**サーベンス・オックスリー法**（2002年）にも受け継がれました。虚偽記載のある報告書等を提出した代表者は刑事責任を問われ、開示書類が企業の財政状態・経営成績を適正に表示していない場合にも「虚偽記載」に当たると考えられますので、代表者の法的責任は確認書を提出したか否かで変わりがありません。しかし、代表者がこのような確認を行うことは、内部統制システムの整備を促すことになりますので、金融商品取引法は、内部統制システムの評価・監査の仕組みを整えるとともに、確認書の提出を義務づけています。

すなわち、第一に、上場会社は有価証券報告書や四半期報告書と併せて、それらの書類の記載内容が法令に基づき適正であることを確認した旨の**確認書**を内閣総理大臣に提出しなければならず（24条の4の2第1項）、上場会社以外の継続開示会社は確認書を任意に提出することができます（同2項）。第二に、上場会社は、有価証券報告書と併せて、内閣府令で定めるところにより内部統制報告書を内閣総理大臣に提出しなければならず（24条の4の4第1項）、上場会社以外の継続開示会社は**内部統制報告書**を任意に提出することができます（同2項）。

内部統制とは一般に、①財務報告の信頼性、②業務執行の効率性、および③法令遵守（**コンプライアンス**）の確保を目的として、取締役会・経営者・職員によって遂行される一連の手続をいいます。金融商品取引法が要求する内部統制報告書は、①を確保するために必要な体制について、経営者がその有効性を評価した報告書のことをいいます。内部統制報告書には、(a)内部統制の基本的枠組み、(b)評価の範囲、基準日、評価手続、(c)評価結果が記載されます。(c)には、内部統制が有効である旨、評価手続の一部が実施できなかったが有効である旨、重要な不備があり内部統制が有効でない旨、重要な評価手続が実施できなかったため評価結果を表明できない旨のいずれかを記載します。内部統制の評価を行うには、個々の内部統制作業に直接携わっていない者が評価を行いうるように、内部統制が目に見える形で構築されていること、より具体的には内部統制が文書化されていることが必要です。このような内部統制を構築させることが、内部統制報告書を導入した最大の目的です。

内部統制報告書には公認会計士・監査法人による監査を受けなければなりません（193条の2第2項）。内部統制の有効性の評価とその監査がアメリカで義務づけられたときには、発行者の負担増から新規上場が減少することが危惧されました。そこで、日本では監査の対象を、内部統制手続そのものではなく内部統制手続の有効性を評価した報告書に限定しました。したがって、内部統制が有効でない旨が内部統制報告書に記載され、そのような記載が正しいと監査法人等が判断した場合には、適性意見が下されます。もちろん、内部統制の評価過程で発見された内部統制の不備を報告書の期日である期末までに是正させ、是正された有効な内部統制のもとで財務報告を行わせることが望ましいことは、いうまでもありません。

2015年に粉飾決算が発覚した東芝では、監査法人を交替させて財務諸表の監査を行わせていたところ、2017年に発覚した米原子力子会社の巨額損失を親会社が認識した時期について、東芝と監査法人の意見が対立し、東芝の上場維持に影響を与える懸念が生じました。新しい監査法人は、有価証券報告書中の財務書類について監査意見不表明とし、内部統制報告書には重要な不備があるとしました。東京証券取引所は、当該子会社がすでに売却されており東芝本体への影響がないことから、東芝の上場を維持しましたが、内部統制の不備があったのであれば、それは将来にも影響を与えることなので是正されなければなりません。

平成26年の改正では、新規・成長企業の上場を促すために、新規上場企業（資本の額等が一定規模以上のものを除く）について3年間、内部統制報告書の監査義務を免除することにしました（193条の2第2項4号）。アメリカのＪＯＢＳ法による規制緩和に倣ったものですが、新規上場企業は成熟企業に比べ内部統制が整っていないおそれが高いことを考えると、立法政策として疑問です。

金融商品取引法上の内部統制報告書は、有価証券報告書の虚偽記載を防止するために内部統制の有効性を高めるための制度ですが、内部統制報告書が適正に作成されていることは、有価証券報告書に虚偽記載がないことを保証するものではなく、虚偽記載があった場合の関係者の責任を免責するものでもありません。

## 5　不実の継続開示と民刑事の責任

不実の継続開示がなされると、当該発行者の上場証券等を取引する投資家に甚大な損害を及ぼすことになるばかりでなく、市場における証券の価格が誤った情報に基づいて決定されることになるため、資本市場はその機能を発揮することができません。そこで法は、発行者やその関係者に民刑事の責任を負わせるとともに、課徴金を課すことによって、正確な情報のディスクロージャーがなされるよう確保しようとしています。

### (1) 刑事責任

重要な事項につき虚偽記載のある有価証券報告書等を提出した者（発行者の代表者など）には、10年以下の懲役、1000万円以下の罰金、またはその両方が科せられ（197条1項1号）、発行者には7億円以下の罰金が科せられます（207条）。罰則は、平成18年の改正でそれぞれ引き上げられています。継続開示書類中の財務書類に虚偽記載があるのに、虚偽記載がないものとして監査証明をした公認会計士・監査法人は、虚偽の報告書提出罪の幇助犯として処罰される可能性があります。虚偽記載を防止するには公認会計士・監査法人を直接処罰の対象とすることが効果的ですが、虚偽の監査証明をした公認会計士・監査法人に対する独立した刑事罰を設けることは見送られました。

### (2) 発行者の民事責任

不実のディスクロージャーについて関係者に民事責任を負わせるのは、①それによって投資家が被った損害の回復を図るという意味と、②関係者に注意を払わせて虚偽記載を抑止する意味とがあります。刑事責任は原則として故意がなければ科せられないため、関係者は虚偽記載を知らなければ責任を負わないのに対し、民事責任は過失があれば課せられるため、関係者は虚偽記載がなされないよう注意を払わなければなりません。したがって、理論的には、民事責任のほうが虚偽記載の抑止効果は高いといえます。

有価証券報告書等の継続開示書類に虚偽または誤解を生じさせる記載（虚偽記載等）があった場合、従来、発行者に特別の民事責任を課す条文はありませんでした。平成16年の改正では、投資家による民事責任の追及を通じて市場監視機能を強化するという目的で、発行者に特別の民事責任を負わせる条文（21条の2）が新設されました。この規定によると、発行者は、有価証券報告書・半期報告書・四半期報告書・内部統制報告書に虚偽記載等があった場合、有価証券を取得した者に対し虚偽記載等により生じた損害を賠償する責任を負うことになります。

この規定は、①投資家が発行者の過失を立証するのではなく、発行者の側で無過失を立証しなければならない点、および②一定の投資家について、虚偽記載等が発覚した時点の前後の株価を基準として算定される額が損害額と推定される点で、責任を追及する投資家側に有利になっています。規定の制定当初は、発行者の無過失責任が定められていましたが、平成26年に過失責任に変更されました。ただし、①の立証責任の転換を利用できるのは、投資家が証券取得のために支払った額から、請求時の証券の市場価額（市場価額がないときは処分推定価額）または証券の処分価額（請求時にすでに証券を処分していた場合）を差し引いた額が限度となります。②の損害の推定規定を利用できるのは、虚偽記載等の事実が公表された日（公表日）前1年以内に当該証券を取得し、公表日において引き続き当該証券を所有する者に限られ、推定損害額とは、公表日前1カ月間の市場価額（市場価額がないときは処分推定価額）の平均額から公表日後1カ月間の市場価額（市場価額がないときは処分推定価額）の平均額を差し引いた額とされています。この額はあくまでも損害の推定額ですので、市場価額の下落が虚偽記載等以外の事情により生じたことを発行者が立証したときは損害賠償額が減額され、推定額以上の損害を被ったことを投資家が立証したときは立証した損害額につき賠償が与えられることになります。

たとえば、投資家が1株1000円で1000株購入した銘柄について、粉飾決算の発覚によって株価が1月平均で800円から300円に下落し、請求時には1株400円であった場合、投資家は（800－300）円×1000株＝50万円の賠償を求めることができ、発行者が50万円中20万円は虚偽記載等以外の事情により生じたことを立証したときは、賠償額は30万円となります。他方、投資家が50万円を超える損害（たとえば、（1000－300）×1000株＝70万円の損害）を被ったことを立証したときでも、購入価格と請求時の市場価額との差額（（1000－400）×1000株＝60万円）を超えて発行者の無過失責任を追及することはできません。ただし、現実の損害70万円と請求限度額である60万円との差額については、発行者に故意または過失があったことを証明して、一般不法行為（民法709条）に基づく損害賠償請求をすることができると考えられます。

損害推定規定がうまく機能するためには、「公表日」が適切に定められなければなりません。法律上、公表日とは、虚偽記載等に係る事実（真実の情報）について、発行者または発行者に対し法令に基づく権限を有する者によって多数の者の知りうる状態に置く措置がとられた日をいうとされています（21条の2第4項）。２００６年の**ライブドア**の粉飾決算のケースでは、関係者に対して強制捜査が行われた時点で株価が急落しました。しかし、強制捜査は風説の流布・偽計取引（158条）の容疑で行われたのであり、粉飾決算の容疑が明らかになったときにはライブドアの株価はすでに下落していました。したがって、規定を形式的に当てはめると推定損害額は極めて低額になってしまいます。裁判所は、検察官が報道機関の記者に対して粉飾決算の容疑を伝えた時点で公表があったと捉えて、妥当な結論を導きました（最高裁平成24年3月13日判決）。投資家保護を実効性のあるものにするためには、不確かな情報が流布している期間を除外して公表日前後の1カ月をとるなど柔軟な解釈も必要になると思われます。

損害賠償を請求できる者は、流通市場で有価証券を取得した者と処分した者です。請求権者は、従来、取得者だけでしたが、経営成績を悪く見せかける「**逆粉飾**」が行われた場合には処分者が損害をこうむることから、平成26年改正により処分者を含めることにしました。

継続開示に関する発行者以外の者の民事責任（3）についても同様です。

## (3) 発行者以外の者の民事責任

有価証券報告書等に虚偽記載等があった場合、虚偽記載等を行った者だけでなく監視を怠った発行者の役員（取締役・監査役・執行役）にも損害賠償責任が課せられています（24条の4）。発行者の役員は、虚偽記載等を知らず、かつ相当な注意を現実に用いたにもかかわらず知ることができなかったことを証明しない限り、責任を免れることができません。また、虚偽記載等のある財務書類を虚偽記載等がないものとして監査証明をした公認会計士・監査法人も、監査証明につき故意または過失がなかったことを証明しない限り、投資家に対し損害賠償責任を負担します（同条）。発行者が倒産するなどして資力がないときは、役員・監査法人らの損害賠償責任が投資家保護にとってとりわけ重要になります。役員が免責されるための「相当な注意」とはどのようなものか、監査証明について過失がなかったとはどういう場合かは重要な解釈問題ですが、これらについても参考となる判決が現れています（ライブドア事件に関する東京地裁平成21年5月21日判決）。投資家がこれらの者の責任を追及するときは、虚偽記載等によってどれだけの損害を被ったかを立証しなければなりませんが、発行者の責任に係る損害額の推定規定（21条の2）は、これらの者の責任額を認定する際にも尊重されるべきでしょう。

## (4) 損害賠償額の算定

有価証券報告書等の虚偽記載等が発覚して株価が下落した場合に、虚偽記載等の発覚前に株式を取得した投資家が発行者や発行者の役員の損害賠償責任を追及する訴訟が最近増加しています。それらの訴訟において激しく争われたのは、虚偽記載等と因果関係のある損害とは何か、損害額をどうやって算定するかという問題です。発行者の責任について損害額の推定規定が適用される場合も、虚偽記載等と損害との間に因果関係がないという反証が認められますから、同様の問題が生じます。

**西武鉄道**事件では、長年にわたり上場廃止事由に該当する事実（親会社の持株比率）を隠した虚偽記載が行われ、より早く真実の情報が開示されていたら、より早く株式が上場廃止となっていた可能性があることから、投資家が有価証券を取得させられたこと自体が損害ではないかという点が問題になりました。最高裁平成23年9月13日判決は、この事例を「虚偽記載がなければ投資家が有価証券を取得しなかった事例」と捉えた上で、その場合の損害（取得自体損害）の額は、投資家の取得価格と処分価格の差額から、会社の業績等虚偽記載に起因しない市場価格の下落分を控除して算定すべきであるとしました。虚偽記載がなければ有価証券を取得しなかったと認定しつつ、虚偽記載に起因しない市場価格の下落分を賠償額から控除した点については批判があります。

大規模な虚偽記載が発覚すると、発行者の株式が上場廃止とされる可能性が高まり、虚偽記載によって吊り上げられていた株価が元に戻るだけでなく、それ以上に株価が下落するのがふつうです。発行者の金商法21条の2に基づく責任が問われていた**ライブドア**事件では、虚偽記載等の公表後の株価の下落のなかに推定損害額から控除すべき部分がないかどうかが争われました。最高裁平成24年3月13日判決は、金商法21条の2に基づく損害賠償の対象は、虚偽記載等によって吊り上げられていた部分に限られず、虚偽記載等と相当因果関係のある値下りのすべてを含むとした上で、ライブドア事件において、虚偽記載の公表後の株価の下落に虚偽記載と相当因果関係のない値下り部分は含まれていないと判断しました。この判決は金商法21条の2に基づく請求に係る損害賠償の対象は不法行為の一般原則による場合と変わらないと判示したものですが、そもそも、株主が株主の地位に基づいて被った損害の賠償を会社に請求することはできないという見解もあります。

## 6 不実の継続開示と課徴金

**課徴金制度**が初めて導入された平成16年改正では、継続開示違反は課徴金の対象とされませんでした。①課徴金制度は、違反者から経済的利得を剝奪するという考え方を基礎にしており、継続開示違反については違反者の経済的利得の額が不明確である、②もし経済的利得を超える課徴金と刑事罰とを共に科すと、憲法が定める二重処罰の禁止に反するおそれがあると考えられたようです。しかし、その後、２００４（平成16）年10月の**西武鉄道**事件をはじめとして継続開示に関する不適正な事例が相次いで発覚したこと、発行市場と比べて流通市場における取引金額が格段に多いことを考慮すると継続開示違反を抑止する必要性は発行開示違反に比べて劣るものでないことから、平成17年の改正により、継続開示違反にも課徴金を及ぼしました。

いわゆる粉飾決算は継続開示書類の虚偽記載となって表れますが、粉飾決算をした企業が倒産していない段階で虚偽記載に対する刑事訴追を行うと、企業を上場廃止や倒産に追い込み債権者や株主に不利益を及ぼすことから、従来、継続企業に対する刑事訴追はあまり活発に行われていませんでした。課徴金は会社役員の故意・過失を問わないので、課徴金制度が導入されてからは、粉飾決算が発覚した事例については、まず課徴金を課し、粉飾の態様が悪質なものに対しては追加的に刑事訴追を行うという対応がとられています。たとえば、２０１１年に過去十数年にわたる損失隠しが発覚した**オリンパス**の事例では、課徴金の賦課ののちに一部の役員が刑事訴追されました。経営トップの利益至上主義を反映して、事業の各部門で不正な利益計上が行われていた2015年の東芝の事例では、課徴金が課せられましたが、役員に虚偽記載の認識があったことの立証が難しいとして刑事訴追は見送られたもようです。このように、課徴金納付命令が下されても企業が上場廃止とならない例も出ており、課徴金制度は継続開示書類の虚偽記載に対して活発に適用されています。ただ、従来の算定方式では課徴金の額が低すぎて十分な抑止効果を発揮できていない嫌いがあったことから、平成20年改正により、課徴金額が引き上げられました。

引き上げ後の課徴金の額は、有価証券報告書の場合、600万円と有価証券の時価総額に10万分の6を乗じた額のいずれか多い額、半期報告書・四半期報告書・臨時報告書の場合、300万円と有価証券の時価総額に10万分の3を乗じた額のいずれか多い額です(172条の4)。発行開示違反の場合とは異なり、継続開示の虚偽記載に対する課徴金については罰金との調整規定が置かれています(185条の7、185条の8)。これらの場合の課徴金に利得の吐き出しを超える制裁部分があることを考慮したものです。また、継続開示書類の不提出も課徴金の対象とされました。その額は、有価証券報告書の場合、不提出により監査費用を節約できたと考えて直前事業年度の監査報酬額を基準に算定されます(172条の3)。

## 7 フェア・ディスクロージャー

アメリカやEUでは、発行者がアナリストなど特定の者に対してのみ情報を開示することが禁止されています。日本では、タイムリー・ディスクロージャー（8節）のルールが厳しいため、情報の選択的開示はタイムリー・ディスクロージャー違反になると考えられていましたが、会社に生じた重要情報が即時に開示されるわけではないので、情報の選択的開示が可能な状況になっていました。そこで、平成29年の改正により、情報の選択的開示を禁じる**フェア・ディスクロージャー・ルール**が導入されました。

このルールの基本は、上場会社またはその役員等が一定の者（取引関係者）に**重要情報**を伝達する場合には、伝達と同時に重要情報を公表しなければならない（27条の36第1項）ということにあります。重要情報とは、上場会社等の運営、業務または財産に関する公表されていない重要な情報であって、投資者の投資判断に重要な影響を及ぼすものと定義されており、正式な機関決定前の決算情報のようにインサイダー取引の重要事実（6章2節(1)）よりも広い範囲の情報が含まれます。もっとも、他の情報と組み合わせることで初めて投資判断に用いることができるモザイク情報は、重要情報に当たらないと解されます。取引関係者とは、金融商品取引業者（証券会社所属のアナリストはここに含まれる）、金融機関、特定顧客のためのアナリスト、投資家向け説明会の出席者等に限定されています。したがって、議論の余地はあるものの、新聞記者の取材に応じて上場会社の役員等が決算情報を伝達した場合には、公表義務は発生しません。

上場会社が証券会社に資金調達の相談をするなど、業務上、重要情報を伝達する必要があるときは、相手方が、契約上または法律上、その情報を漏えいせず有価証券の売買等にも用いない義務を負っている場合であれば、公表義務は生じません（27条の36第1項但書）。上場会社の資金調達等、業務上の利益を優先させるためです。もっとも、相手方が義務に違反して情報を漏えいしたことを上場会社が知ったときは、速やかに重要情報を公表しなければなりません（同条3項）。守秘義務を負わない者に情報が伝わってしまったので、公平な開示を確保するよう上場会社に求めるものです。上場会社の役員等が重要情報に当たることを知らずに伝達してしまった場合、相手が取引関係者であると知らずに伝達してしまった場合、あるいは伝達予定のなかった情報を話の流れで伝達してしまった場合にも、情報が偏った形で市場に到達することがないように、速やかな公表が求められます（同条2項）。重要情報の公表は、ＥＤＩＮＥＴや取引所のホームページによるほか、上場会社のホームページでも行うことができます（同条4項）。

情報の選択的開示の規制が厳しすぎると、上場会社がアナリストの取材に応じなくなるなど、上場会社による情報発信が低下し、市場の効率性が損なわれるおそれがあります。そこで、フェア・ディスクロージャー・ルールの執行には、刑事罰、課徴金、民事責任は用いず、行政が上場会社に対して重要情報の公表を指示するといったソフトな手法によることにしました（27条の38）。フェア・ディスクロージャー・ルールの目的は、上場会社とアナリストとの対話を禁止することにあるのではなく、上場会社の情報発信に対する一般投資家の信頼を確保し、上場会社により早期の情報開示を促すことにあります。上場会社や市場関係者はこのような目的を踏まえて、自発的な情報開示についてのベストプラクティスを醸成することが求められます。

## 8　タイムリー・ディスクロージャー

有価証券を上場する金融商品取引所は、上場証券の発行者に対し、投資判断にとって重要な会社情報が生じた場合に直ちにその内容を開示することを、上場規則によって義務づけています。また、取引所が発行者の会社情報について照会を行った場合には、発行者は直ちに回答しなければならず、取引所が必要と認めたときは、発行者は照会に係る事実を直ちに公表しなければなりません。これらを**タイムリー・ディスクロージャー**（適時開示）といいます。

タイムリー・ディスクロージャーは、発行者と取引所・報道機関を結ぶネットワーク（TD-netなど）を用いて行われ、取引所のホームページ上に公開されます。開示を要する会社情報としては、インサイダー取引の重要事実（第6章2節）とほぼ同じものが列挙されています。インサイダー取引規制では、インサイダーによる取引さえなければ、会社は情報を開示しないことが許されるのに対し、タイムリー・ディスクロージャーでは、重要な会社情報が発生した場合、インサイダー取引が行われていなくても情報を開示しなければなりません。開示情報が多いほうが投資家の利益になりますが、早すぎる情報開示が会社すなわち株主の利益を損なうことがないかという懸念もあります。

発行者がタイムリー・ディスクロージャーに違反した場合、取引所は、①開示注意銘柄への指定と公表、②改善報告書の提出命令と改善報告書の公表、③上場違約金の徴収、④上場廃止の四段階の措置をとることができます。タイムリー・ディスクロージャーは取引所の自主ルールなので、違反に対して刑事罰や課徴金は課されません。開示が遅れた場合や開示情報に虚偽または誤解を生じる記載があった場合に発行者やその役員に投資家に対する民事責任が生じるかどうかは、判例もなく、難しい解釈問題です。この場合、損害を被った投資家は、発行者やその役員の一般不法行為（民法709条）に基づく損害賠償責任を追及することになりますが、取引所の自主ルールの違反が直ちに不法行為法上の「違法性」の要件を満たすとはいえず、開示の遅滞や不実開示が違法と評価されるのはどのような場合か総合的に判断されることになるでしょう。

取引所は、上場会社の決算発表の際に、次期の売上高・経常利益等の業績予想、利益配分に関する基本方針、経営成績・財政状態の当期実績および次期見通しの分析などの開示を求めており、決算内容とこれらを併せて**決算短信**と呼んでいます。決算短信は、有価証券報告書による開示よりも前に、決算情報を速やかに投資家に開示することを目的としています。東京証券取引所は、決算短信を期末後45日以内に発表するよう求めています。

決算短信に含まれる情報のうち**業績予想**は、法的には、上場規則によって開示が義務づけられるものではなく、証券取引所の要請により上場会社が自発的に開示するものです。経営者による業績予想は投資家の投資判断にとって極めて重要な情報ですから、多くの上場会社が取引所の要請に応じて業績予想を公表しているのは好ましい慣行です。業績予想の開示は、それが外れたということだけから虚偽の開示であると評価されることはありませんが、合理的な根拠に基づかない業績予想は、それを開示した時点ですでに虚偽の開示といえます。その場合、業績予想が外れる可能性を投資家に表示して注意を促すだけでは、発行者は免責されません。

## 9 取引所による上場会社の規制

### (1) 取引所による規制の意義

証券取引所は、四半期開示やタイムリー・ディスクロージャーのように、法令よりも高いレベルの情報開示を自主規制によって実現してきました。上場会社のコーポレート・ガバナンスや上場会社の行動についても、自主規制による規律づけは可能です。質のよいルールが制定されれば上場会社にも投資家にも利益になりますので、**市場間競争**が機能すれば、放っておいてもよいルールが制定されると期待できます。もっとも、いったん上場した会社が取引所を変更するにはコストがかかりますし、会社は上場後に適用される自主ルールの内容だけを見て上場先を決定するわけではありませんから、実際には、自主ルールについて競争が成立しているとはいえないでしょう。

**コーポレート・ガバナンス**に関する諸外国の例を見ると、ニューヨーク証券取引所（NYSE）は、上場会社の取締役の過半数が独立取締役であること、および取締役候補者選考・コーポレート・ガバナンス委員会、報酬委員会、監査委員会のメンバーが全員独立取締役であることを、上場会社に求めています。これは、**エンロン事件**等の会計不正事件を経て、2002年制定の**サーベンス・オックスリー法**によって連邦法によるコーポレート・ガバナンスへの介入が強力に推し進められた結果ですが、NYSEの規則の内容は、連邦法に基づいて制定されたSEC規則のさらに先を行くものです。これに対しロンドン証券取引所（LSE）は、上場会社が尊重すべき最善慣行規則を定め、これと異なる基準を採用する会社には、その理由を開示させ、開示によって会社の慣行を誘導する政策（**コンプライ・オア・エクスプレイン**）を採用しています（現在はイギリス上場機構が担当）。

以下では、日本の証券取引所による上場会社の規制を、東京証券取引所（東証）の例を用いて紹介します。

**(2) 企業行動の規制**

2005（平成17）年ころに、敵対的な企業買収が数件試みられ、投資ファンドが積極的に株主権を行使するなど、企業の現経営陣が「買収の脅威」に晒さらされる事態が生じました。これに対応して上場会社は、**ライツプラン**（**ポイズンピル**ともいう）と呼ばれる新株予約権を典型とする、さまざまなタイプの買収防衛策を導入しました。また、平成18年6月の会社法施行後は、友好的な株主に会社の重要事項の決定権を付与する**拒否権付株式**（**黄金株**）を用いた買収防衛策を導入することが上場会社に認められるかが、議論されました。

これらに関して東証は、①ライツプランのうち、行使価額が株式の時価より著しく低い新株予約権を導入時点の株主等に対し割り当てておくもの（随伴性のないライツプラン）、②株主総会で取締役を交代させても、なお廃止または不発動とすることができないライツプラン（デッドハンド型のライツプラン）、③取締役の過半数の選解任その他の重要な事項についての拒否権付株式の導入を、それぞれ上場廃止事由にしました。

その後、ブルドックソース事件決定（最高裁平成19年8月7日決定）が、会社の支配権の争いが生じた後に株主総会決議によって導入された買収防衛策を適法としたことから、上場会社において平時に買収防衛策を導入しておく例はほとんどなくなりました。

2007年ころから見られるようになった大規模な**第三者割当増資**については、法定開示による対応がされましたが（第2章2節⑷）、それに先立って、東証が**企業行動規範**を定めています。法定開示との相違は、希釈化率が300％を超える（第三者割当により取得する議決権数が発行済株式等の議決権数の3倍を超える）第三者割当増資を行うことを禁止し、また、第三者割当により支配株主が異動した場合において、3年以内に支配株主との取引に関する健全性が著しく損なわれていると取引所が認めるときは、上場廃止にできるとしている点です。

### (3) コーポレートガバナンス・コード

上場会社には株主のほかに従業員・取引先・地域社会等の多様なステークホルダー（利害関係者）がおり、上場会社はこうしたステークホルダーに対する責務を認識して運営されることが重要であるとの社会認識が醸成されてきました。金融庁と東証は、２０１５年、こうした株主とステークホルダーの利益を考慮したコーポレート・ガバナンスの実現に資する諸原則を「**コーポレートガバナンス・コード**」にまとめ、公表しました。同コードは、その後２０１８年と２０２１年に改訂されています。

コーポレートガバナンス・コードは、ＯＥＣＤコーポレート・ガバナンス原則を参考にしたものであり、①株主の権利・平等性の確保、②株主以外のステークホルダーとの適切な協働、③適切な情報開示と透明性の確保、④取締役会等の責務、⑤株主との対話に関する基本原則、原則、および補充原則から成ります。東証は、コーポレート・ガバナンス原則を企業行動規範に組み入れ、一部・二部市場の上場会社に対し、これを遵守するか、遵守しない場合にはその理由を開示する（**コンプライ・オア・エクスプレイン**）よう求めています。たとえば、一部・二部市場の上場会社は、２名以上の独立取締役を選任するか、選任しない場合にはその理由を説明しなければならないことになります。

コーポレート・ガバナンス（企業統治の組織）に対する法的規律は会社法が定めています

が、コーポレートガバナンス・コードは会社法の一歩先を行く規範（ソフトロー）として上場会社のガバナンスに大きな影響を与えています。2017年制定のガバナンスコードが2名以上の独立役員の選任を求め、多くの上場会社において2名以上の社外取締役が選任されるようになったことから、上場会社等に対し1名以上の社外取締役の選任を義務づける令和元年の会社法改正がスムーズに成立したといえるでしょう。

同コードの2018年の改訂では、独立取締役を主な構成員とする任意の指名委員会・報酬委員会を置くことをコンプライ・オア・エクスプレインの対象としたことが注目されます。平成26年の会社法改正で導入された監査等委員会設置会社は、従来の監査役会設置会社から移行しやすいガバナンス形態として比較的広く利用されていますが、監査等委員会設置会社に任意の指名委員会・報酬委員会を置けば3委員会のある指名委員会等設置会社と同様のガバナンスを実現できるからです。

2021年の改訂では、企業の**サステナビリティ**の課題への取組み、人材登用における多様性の確保への取組みを強調したほか、東証の市場区分の見直しによって誕生するプライム市場の上場会社に向けた規範を創設しました（第5章4節(2)）。

# 第4章

# 公開買付けの規制

## 1　企業買収の方法

株式会社の議決権の過半数を取得すれば取締役の全員を選任することができ、企業の支配権を取得することができます。企業の支配権を取得することを「企業買収」と呼ぶとすると、企業買収の方法としては、①市場で多くの投資家から株式を購入する（市場取引）、②市場外で少数の大株主から株式を購入する（相対取引）、③市場外で多くの投資家から株式を購入する（**公開買付け**）といった方法が考えられます。このうち③の方法がとられるのは、①によると株価が高騰してしまい企業買収に要する費用が③より多額になる可能性があるからです。ところが、③では短期間に多くの投資家を勧誘して市場価格よりも若干高い価格で大量の株式を取得することになるため、投資家が情報を熟慮せずに買付者に株式を提供してしまう可能性があります。そこでアメリカでは、当時横行していた③の買収方法について、買付者に情報開示を強制し投資家に熟慮期間を確保することを内容とする公開買付けの規制が1968年に導入されました。日本では、アメリカ法に倣って昭和46年（1971年）に立法化されています。このように公開買付規制は、市場外で企業買収に直面している投資家を保護することを第一の目的としています。

他方、イギリスでは、30%を超える議決権の取得はすべて公開買付けの方法によらなければならないとする強制的公開買付制度をとっており、2004年に採択されたEUの公開買付指令も、基本的にイギリスの制度を採用しています。これは②③の方法による企業買収は公開買付けの手続によって行わなければならず、①の方法による企業買収は認めないものです。日本では、平成2年の証券取引法改正で、イギリスのルールを参考にして、②の方法による企業買収（議決権の3分の1を超える取得）は公開買付けの手続によらなければならないという**3分の1ルール**を採用しました。これは、支配株式が譲渡される際には、市場価格を超えるプレミアムが買主から売主へ支払われることが多いので、一般投資家にも買主にプレミアム付きで株式を売却する機会を確保して、投資家（株主）の間で支配権プレミアムの公平な分配を実現しようとするものです。ここでは、提供申込みを受けている株主の保護ではなく、規制がなければ提供申込みを受けなかったであろう株主を保護することが目的となっています。このように公開買付制度に複数の目的が持ち込まれたため、日本の公開買付けのルールは複雑なものになりました。

平成5年の商法改正により自社株の購入が一般的に許容されると、**自社株買い**の方法として公開買付制度が利用されるようになりました。上場会社が不特定の者から自社株を購入するには、①市場取引によるか、②公開買付けの方法によらなければなりません。会社は株主を、その有する株式の内容および数に応じて平等に取り扱わなければならないところ（株主平等の原則)、②は①以上に株主を平等に取り扱う買付方法であるといえます。他方、自社株には議決権がなく自社株を購入しても支配権を取得することはできないので、自社株の市場外取引については3分の1ルールは適用されません。

2005(平成17)年ころ、敵対的な企業買収の試みが見られましたが、そのなかには攻撃側でも防御側でも法の不備を突くような動きがありました。そこで金融商品取引法は、公開買付制度・大量保有報告制度の不備を是正するための改正を行いました。改正法では、対象会社や買付者など投資家以外の者の利益を保護するための規定も新設されており、公開買付けの規制目的が投資家保護から公正な企業買収のルールの構築に軸足を移してきていることが見てとれます。

## 2 公開買付規制の適用範囲

### (1) 対象証券

公開買付規制が適用される対象は、株券・新株予約権付社債券・その他政令で定めるもの(以下、株券等といいます)について有価証券報告書を提出しなければならない発行者の株券等です(27条の2第1項)。株券を上場している会社の株券等、過去に新株予約権付社債を公募したため有価証券報告書を提出しなければならない会社の株券等、外形基準(第3章1節参照）に該当する会社の株券等がこれに当たります。これに対し、発行者による自社株の買付けに公開買付手続を利用できるのは、株券等のうち上場されているものを対象とする場合に限られます（27条の22の第1項）。

### (2) 多数の者からの取得

公開買付けの手続によらなければならない場合は、3つに大別されます。第一に、60日間で11名以上の者から市場外で株券等を買い付け、買付け後に株券等所有割合が5％を超える場合（27条の2第1項1号）。このような取引はちょうど証券の「売出し」と反対の取引であり、投資家に株券等の提供圧力が生じるからです。株券等所有割合とは、対象会社の総議決権の数に対する買付者とその特別関係者の有する株券等の議決権の割合のことをいいます。新株予約権付社債のような潜在的株式については、買付者・特別関係者の有する分を分子および分母に加えます。特別関係者には、買付者と株式の所有関係・親族関係などで結ばれている者と、買付者との間で株券等の共同買付け・相互の譲渡・共同の議決権行使を合意している者とが入ります。2016年に出光興産が経営統合のために昭和シェルの株式を取得しようとした際、これに反対する大株主が特別関係者に該当するかどうかが問題になりました。20％以上の大株主は形式上、特別関係者に当たりますが、規制の趣旨から考えると、買付者と協調行動をとることがおよそ想定できない者の株券等所有割合は合算されるべきではありません。

株券等の提供勧誘が行われることから生ずる投資家の投資判断の歪みは、ディスクロージャーによって解消することができますが、それとは別に公開買付けでは「強圧性」による投資判断の歪みも問題になります。強圧性とは、株主が公開買付後の残存株式の価値が公開買付価格よりも低くなると予想する場合には、たとえ公開買付価格が株主の考える株式の価値よりも低い場合であっても株券等を提供する圧力を受けてしまい、その結果、企業価値を下落させるような公開買付けが成功してしまうことをいいます。他方、公開買付けによって企業価値が上昇する場合には、株主は会社に残った方が有利なので株券を提供せず、その結果、企業価値を上昇させるような公開買付けが成功しないという問題もあります。どうしたらこれらの問題を解決して効率的な企業買収の制度をつくることができるのか、議論が続いています。

### (3) 市場外における著しく少数の者からの取得（3分の1ルール）

公開買付けによらなければならない第二の場合は、60日間で10名以内の者から市場外で株券等を買い付け、買付け後に株券等所有割合が3分の1を超える場合（同条項2号）です（3

分の1ルール）。1節で述べたように、この場合に公開買付規制を及ぼす目的はプレミアムの分配です。すでに対象会社の株券等所有割合が50％を超える者が市場外で買い増す場合には、3分の1ルールは適用されません。支配権の移動がないと考えられるからです。ただし、買付けの結果として3分の2以上となるときは、4節に述べる全部買付義務との関係で、公開買付けが強制されます。これに対し、3分の1を超える取得を市場取引により行うことは禁じられません。市場取引ではプレミアムが付かないか、仮に付くと考える（価格が高騰したことをもってプレミアムと考える）としても市場取引には誰でも参加できるからです。

２００５（平成17）年2月に、**ライブドア**が**ニッポン放送**株を東京証券取引所の立会外取引である**トストネット**（ToSTNeT）により取得して株券等所有割合が3分の1を超えたことが、市場内か市場外かで問題になりました（市場外だと公開買付規制違反）。裁判所は、トストネット取引は証券取引所の開設する有価証券市場に当たる（市場内）としましたが、トストネット取引は一般投資家が参加しにくい取引であることから、同年の法改正により、同取引で3分の1超を取得することが禁止されました（27条の2第1項3号）。

また、２００６年のドン・キホーテによるオリジン東秀株の取得では、公開買付け前である1月に市場外取引で約31％を取得した後、公開買付けを開始し、公開買付けが失敗に終わった後である2月に、市場取引によって15%を追加取得したことが問題になりました。公開買付け前の市場外取得の際に市場内取引で3分の1を超えることを意図していなかったのであれば、3分の1ルールの脱法とはいえないでしょうが、脱法か否か微妙なケースはいくらでもありえます。そこで金融商品取引法では、3カ月間に、①市場内外の取引を組み合わせて、または②市場外取引と第三者割当による新株取得を組み合わせて10%を超える株券等を買い付け、買付け後に株券等所有割合が3分の1を超える場合であって、そのうち市場外取引が5%超含まれる場合には公開買付規制を適用することにしました(同条同項4号)。この結果、たとえば、市場外で大株主から株券を買い付けて所有割合を20%から26%に上昇させた買付者は、3カ月間は公開買付けによっても所有割合を3分の1超に上昇させることができなくなりました。したがって、この規制は、脱法を防止するというよりも、市場外の急速な買付けを制限するものといえます。

市場外における株式の取得については、3分の1ルールが適用されて公開買付けが強制されるのか、適用除外規定が適用されるのか、難しい解釈問題が少なくありません(一例として、最高裁平成22年10月22日判決を参照)。そこで金融庁は公開買付けに関するQ&Aを公表し、金融庁の解釈を明らかにしています。金融庁がQ&Aを公表したのは、公開買付規制の違反が課徴金の対象になっているからであり、実務にとっては大変有益なことですが、法令の解釈権は裁判所にあるのですから、Q&Aがあたかも公定解釈のように通用することには疑問を感じます。

## (4) 他者による公開買付期間中の取得

２００５〜２００６年には、経営者に友好的な公開買付けが行われている最中に、敵対的な買収者が対象会社の株式を市場で買い付けるケースが見られました（フジテレビによるニッポン放送株公開買付け中のライブドアによる株式取得、イオンによるオリジン東秀株公開買付け中のドン・キホーテによる株式取得）。この場合、公開買付者は市場取引や相対取引を禁止される（4節参照）のに、他の買付者は買付方法に限定がなく不公平ではないかが問題にされました。買付者間の公平性の確保は、本来、公開買付規制が目的としていることではありません。しかし、すでに3分の1を超える株式を保有している者に関する情報は、公開買付けに直面している投資家にとっても重要な情報と考えられることから、ある者による公開買付期間中に、株券等所有割合がすでに3分の1を超える他の者が対象会社の株式を取得する場合には、他の者も公開買付けの手続によらなければならないとされました（27条の2第1項5号）。

### (5) 自社株公開買付け

(1)〜(4)とは異なり、発行者による自社株公開買付けが強制されるのは、会社が株主総会または取締役会の決定を受けて株主との合意により自己株式を取得する場合のうち、有価証券市場外で買付けを行う場合です（27条の22の2）。株主の平等取扱いを実現することが公開買付けによらせる目的ですから、特定少数から買うか不特定多数から買うかは問いません。有価証券市場内の取引は一般投資家も参加できるので、市場内取引による自己株式の取得は許容されています。市場内取引にはトストネットのような取引所の立会外取引も含まれますので、一般投資家の参加が容易かどうか疑問もあるでしょう。

## 3 公開買付けの手続

ここでは、公開買付手続の流れに沿って、規制の趣旨と内容を説明します。

公開買付けを行う者（買付者）は、公開買付開始公告を行い、同時に内閣総理大臣に**公開買付届出書**を提出すれば、買付けの勧誘をすることができます。公開買付開始公告は広く投資家に参加の機会を保障するためのもので、電子公告を行うときでもそのURLなどを新聞公告しなければなりません。公開買付届出書は募集・売出しの際の有価証券届出書に相当するものであり、①公開買付要項（買付期間、買付価格、買付予定株券数、買付けの条件等）、②買付者の状況、③対象会社の状況などを記載します。公開買付けに直面した投資家（株主）としては証券を、①提供する、②保有しつづける、③市場で売却するといった選択肢があり、対象証券の価値に関する情報のほか、対象会社の将来に関する情報や公開買付けの成否に関する情報を欲しているはずです。

最近、対象会社の経営者が出資した会社が対象会社を買収して非公開化する取引が増えています。非公開化取引は究極の買収防衛策です。経営者による買収は**MBO**（Management Buyout）、買付者が借入金を用いて買収し、買収後に対象会社と合併することによって対象会社に借入金債務を負わせる買収手法は**LBO**（Leveraged Buyout）と呼ばれています。非公開化取引が行われると、株式価値を測る尺度が失われますので、株式を提供した株主が損な取引だったかどうかを検証することができません。また、対象会社の株価が低いほど買付者にとって有利なので、ＭＢＯの場合、経営者は株主と利益が相反する状態に置かれます。

そこで金融商品取引法では、公開買付者が①対象会社の役員、②対象会社の役員の依頼に基づいて当該公開買付けを行う者であって対象会社の役員と利益を共通にする者、③対象会社を子会社とする会社である場合をＭＢＯと定義し、ＭＢＯについて公開買付価格の妥当性や利益相反を回避するためにとられている方策等について、よりきめ細かな開示を求め、非公開化取引については、上場廃止とする意思の有無等について詳細な開示を求めています。

公開買付期間は、20営業日以上60営業日以内の範囲で買付者が定めます（27条の2第2項）。最短期間の要求は投資家に情報の熟慮期間を与えるため、最長期間の限定は長期間投資家を不安定な状況に置かないためです。対象会社は、買付期間が30営業日未満に設定された場合、これを30営業日まで伸張することができます（27条の10第2項）。対象会社による対抗提案等の提示に一定の時間を要することを考慮したものです。

もっとも、買付者が事前の相談なしに公開買付けを開始したことを理由に、対象会社が公開買付期間のさらなる伸長を要求し、買付者がこれに応じない場合には対抗措置を発動すると表明する例もみられます。しかし、金商法は事前の交渉なしに買付者が公開買付けを開始することを認めているのであり、公開買付期間の伸長権は株主総会の決議による買収防衛策の発動に向けた安定株主工作に利用されるおそれがあります。

有価証券届出書とは異なり、公開買付届出書に「効力発生」の概念はなく、買付者は、届出書提出後は**公開買付説明書**を交付して、いつでも買付契約を締結することができます（27条の9）。その代わり、投資家（応募株主等）は、公開買付期間中はいつでも契約を解除することができます。熟慮期間の確保、競合的公開買付けへの乗り換えを可能にするためです。

公開買付けの対価は金銭でなくてもよいのですが、同一種類の対価でなければなりません

（27条の2第3項）。対価が有価証券であり、それを提供することが募集または売出しに当たるときは、有価証券届出書の提出が必要になる場合があります（第2章2節参照）。

金融商品取引法では、投資判断資料を豊富にするため、公開買付けの開始から10営業日以内に、対象会社が**意見表明報告書**を提出するよう義務づけました（27条の10第1項）。意見表明報告書では、公開買付けに対する賛成・反対・意見留保だけでなく、その理由、買収防衛策発動予定の有無、賛成・反対等の結論に至ったプロセスの開示も求められます。意見表明報告書に買付者に対する質問が記載されたときは、買付者は5営業日以内に**対質問回答報告書**を提出しなければなりません（同11項）。理由を付せば、質問に答えないという回答も許されます。

公開買付期間が終了したときは、指定した代理人（金融商品取引業者・金融機関）を通じて、遅滞なく株券の受渡しと代金の決済を行い、公開買付けの結果を発表し、**公開買付報告書**を内閣総理大臣に提出します。

公開買付けに関する各種書類の不提出や虚偽記載は刑事罰の対象となるほか、平成20年の改正により課徴金の対象にもなりました。

## 4 公開買付けの取引規制

### (1) 投資家の平等取扱い

公開買付けの規制のなかには、情報に基づいた判断を確保すること以外を目的とする規制があります。それらは、投資家の平等取扱いを確保するものと、制度の濫用防止を目的とするものに分けることができます。

投資家の平等取扱いを確保する規制の第一として、買付価格は均一の条件でなければなりません（27条の2第3項）。買付価格の引き下げは原則としてできず（27条の6）、買付価格を引き上げた場合は、全部、引上げ後の価格で買い付けることになります。

第二に、応募株数が予定を超える場合に、その超える部分の全部または一部の買付けをしないことを条件とした場合であって、提供株数が買付予定株数を超過するときは、按分比例によって買い付けなければなりません（27条の13第5項）。これらの規制は、先に提供した者には高い価格を支払う、あるいは先に提供した者だけから買い付ける等の手法で提供圧力を高める行為を禁止するものですから、「情報に基づいた判断の確保」によってその趣旨を説明することもできるでしょう。

また、按分比例による買付けを認めるということは、応募株式の全部を買い付ける「**全部**

**買付義務**」が課されていないことを意味します。少数株主の保護を理由として、EUには全

部買付義務を課している国が多くあります。しかし、3分の1ルールを存続させつつ全部買

付義務を課すと、買付者に100％取得するだけの意思と資力がなければ3分の1を超える

議決権を取得できず、友好的なものであれ敵対的なものであれ、企業買収を抑制する効果が

生じます。

　そこで金融商品取引法は全部買付義務を課していないのですが、買付け後の株券等所有割合が3分の2以上となる場合には、上場廃止の危険が生じるなど少数株主が不安定な地位に置かれることから、例外的に買付者に全部買付義務を課すことにしています（同条4項）。もっとも、株券等所有割合が3分の2未満であってもそれに近い割合があれば、企業再編に必要な株主総会の特別決議を成立させることができるので、全部買付義務を伴わない3分の2未満の買付けによる第一段階と、少数株主に不利な条件による合併等の第二段階の組合せ（**二段階買収**）によって、結果的に少数株主の利益が損なわれる可能性は残っています。

　第三に、公開買付期間中は、買付者は公開買付けによらないで株券等を取得することが禁止されます（**別途買付けの禁止**、27条の5）。一般株主からは公開買付けで買い付け、大株主からは市場外で高い価格で買い付けるのは、投資家の平等取扱いに反するからです。ただし、公開買付開始前に買付契約を締結し、そのことを届出書に明らかにしている場合には、公開

買付手続外で買い付けることができます。

### (2) 制度の濫用防止

公開買付けをアナウンスすると株価は上がり、公開買付けを中止すると株価は下がります。そこで、公開買付制度は相場操縦に利用される危険があるので、濫用防止のための規制が置かれています。第一に、応募株数の状況によって買付数を制限することは、応募株数が予定に満たない場合に全部の買付けをしないとの条件を付した場合以外は認められません(27条の13第4項1号)。

第二に、公開買付けの撤回が一定の場合に制限されています(27条の11第1項)。安易な撤回を認めると、公開買付けが相場操縦に利用されるからです。平成17年に夢真ホールディングスが仕掛けた公開買付けでは、対象会社(日本技術開発)が公開買付期間中に株式分割を決定するかどうかが注目されました(実際には、公開買付開始前に株式分割を決定)。公開買付期間中に、株式分割が行われると分割比率に応じて株価は下落しますが、買付価格の引下げが認められないので、分割前の買付価格で分割後の応募株券を買い付けなければならず、買付者は多大な損害を被ることになります。

また、平成17年以降、多くの上場会社が、敵対的な公開買付けが行われた場合に、既存の株主に対し有利な条件で新株や新株予約権を与える防衛策（**ライツプラン**とか**ポイズンピル**と呼ばれる）を発動することを表明しています。公開買付期間中に防衛策が発動されると、買付者の持分の割合や価値が希釈化されるため、買付者に経済的打撃を与え買収を困難にします。これらの株式分割、新株・新株予約権の発行等は公開買付けの撤回事由に列挙されていないため、列挙事項に「準ずる事項」として買付者が撤回事由に指定できるかどうかが問題になりました。

そこで金融商品取引法では、対象会社またはその子会社で、①株式分割、株式の無償割当、②新株・新株予約権の発行、③既発行証券への拒否権や取締役・監査役選任条項の付与等が決定された場合、④すでに導入されている買収防衛策が消却されない場合等に、公開買付けの撤回を認めることにしました（令14条）。

第三として、買付条件の変更は新聞公告を通じてすることができますが、①買付価格の引下げ、②買付予定株数の減少、③買付期間の短縮、④その他政令で定める買付条件の変更はすることができません（27条の6）。これらは買付けの撤回と同じ効果をもちうるからです。ところが前述のように、株式分割や新株・新株予約権の発行が決定されると株価が希釈化されます。公開買付けの撤回が認められるとしても、再度公開買付けをかけるには多大なコストを要します。そこで金融商品取引法では、公開買付期間中に対象会社が株式分割その他の政令で定める行為を行ったときに、買付者が内閣府令で定める基準に従って買付価格を引き下げることを認めています（同条）。これによると、たとえば1対5の割合で株式分割が行われたときは、5分の1まで買付価格を引き下げることが認められます。

## 5 大量保有報告制度

大量保有報告制度とは、上場会社の株券等の5％超の保有者に対し保有者に関する情報を開示させる制度であり（27条の23）、平成2年改正で導入されました。**5％ルール**とも呼ばれています。大量保有者が誰であり、どのような目的で対象証券をどう売買しているかは、対象会社の支配関係に影響を与えるとともに、市場の需給関係に影響を与え、これらを通じて投資家の投資判断に影響を与えます。したがって、大量保有報告制度の目的は投資家に投資判断資料を提供することにあります。もっとも、導入当時は、株価バブルを背景に株の買占めと高値肩代わりの要求（こうした投資家をグリーンメーラーと呼ぶ）が横行しており、買占めの状況を開示させることにより買い占め側に対処しようとしたこと、すなわち対象会社の保護も、立法の動機になっていたことは否定できません。

**大量保有者**とは、上場会社の株券・新株予約権付社債券等を、その名義を問わず5％を超えて保有する者であり、大量保有者となってから5営業日以内に内閣総理大臣に大量保有報告書を提出しなければなりません（27条の23第1項）。5％の計算に当たっては**共同保有者**分が合算されますが、共同保有者には、株式所有関係・親族関係等から形式的に判断されるもの（みなし共同保有者）だけでなく、議決権行使について合意をしている者が含まれます（同条5項・6項）。**大量保有報告書**には、①保有者に関する情報、②保有目的（純投資、政策投資、経営参加、支配権の取得等）、③資金の出所、④最近60日以内の処分の状況等が記載されます。保有割合が1％以上変動した場合には、5営業日以内に**変更報告書**を提出しなければなりません。

金融機関、証券会社、投資運用業者等は、顧客の資金を大量に株式で運用しており、頻繁に報告書を提出させると事務負担が過大となることから、規制の緩和された特例報告制度が設けられています。すなわち、これらの者は、月に2回到来する基準日に5％を超えるか否かを調査し、超えた場合には5営業日以内に大量保有報告書を提出すれば足ります。その後は基準日に1％以上の変動があった場合に、5営業日以内に変更報告書を提出します。特例報告制度が適用されるのは、対象会社の事業活動に重大な変更を加えまたは重大な影響を及ぼす行為（重要提案行為等）を目的としない場合に限られ、かつ保有割合が10％を超えない場合に限られます。

特例報告制度は従来からあったのですが、2005（平成17）年ころに、特定の投資ファンドが投資顧問業者として特例報告制度の適用を受けながら、株主権を積極的に行使していたことから、投資ファンドによる株式保有状況をより頻繁に開示させるべきであるとの声を受けて、平成18年改正で規制が強化されたものです。特例報告が認められない重要提案行為等には、役員の構成の重要な変更といった直接、支配に関係する提案のほか、配当に関する方針の重要な変更、資本政策に関する重要な変更といった提案も含められています（令14条の8の2）。これにより発行会社と機関投資家との対話が妨げられることがないか、危惧されます。

大量保有報告書の不提出・虚偽記載には罰則および課徴金が適用されますが、報告書を提出しないで、または虚偽記載のある報告書を提出した株券等の取得の効力、取得した株券の議決権行使の可否については、解釈に委ねられています。

# 第5章

# 市場における有価証券の売買・デリバティブ取引

## 1 有価証券の上場

金融商品市場とは、従来の有価証券市場と金融先物市場を包括する概念であり、有価証券の売買または市場デリバティブ取引を行う市場をいいます（有価証券および市場デリバティブ取引の定義につき第1章4節参照）。金融商品取引法の下では、同一の金融商品取引所が、有価証券の売買、証券先物・オプション取引のほか、金利先物・通貨先物など証券以外のものに係るデリバティブ取引を扱うことができます。これに対し、認可金融商品取引業協会は店頭売買有価証券市場（一定の非上場証券のための市場）を開設できますが（67条2項）、市場デリバティブ取引を行う市場は開設できません。以下では、金融商品市場における有価証券の売買取引を念頭に置いて説明します。

発行者が金融商品市場に有価証券を上場するのは、投資家が取得した有価証券について換金の場を提供することによって、有価証券の発行による資金調達を容易にするためです。発行者の申請に基づいて金融商品取引所は、当該証券が一般投資家の投資対象としてふさわしいかどうかという観点から審査を行い、上場を決定したときは内閣総理大臣にその旨を届出ます（121条）。

有価証券の上場を廃止する場合には、金融商品取引所の上場廃止基準に従って決定をし、その旨を内閣総理大臣に届け出ます（126条）。２００５年に産業再生機構による再建手続中の**カネボウ**が過去の粉飾決算を明らかにしたことから**上場廃止**決定を受けたことが、企業再生の道を塞ぐものではないかと話題になりましたが、取引所が業務規程に違反して上場廃止を行った場合、内閣総理大臣は取引所に対して再上場を命ずることができます（127条）。有価証券を上場廃止にすると発行者の事業活動に極めて大きな打撃を与えるとともに、一般投資家から証券を換金する機会を奪うことになります。取引所の自主規制である企業行動規範（第3章9⑵）の違反については、上場廃止以外に、公表措置、上場違約金の徴収といったソフトな制裁手段が用意されています。

日本では上場時に株式の募集を行って資金を調達するＩＰＯ（第2章3節）が一般的ですが、海外では**SPAC**による上場と資金調達も行われており、注目を集めています。ＳＰＡＣ（買収目的特別会社）とは、スポンサーと呼ばれるＰＥファンドや投資アドバイザーが設立した空箱会社をいい、ＳＰＡＣを上場することで投資家から買収資金を集め、1年半から2年程度の間に、買収対象となる事業会社を探し出し合併などの事業結合取引を行って事業会社を上場させます。買収対象が見つからないときや事業結合取引が株主総会で承認されないときは、ＳＰＡＣは解散し投資家は資金の返却を受けることができます。ＳＰＡＣによる事業会社の上場は期間とコストの点でメリットがあるといわれていますが、日本にこれを導入する場合、事業会社の上場時のディスクロージャーをどうするか、スポンサーの法的責任など、検討課題が少なくありません。

## 2 有価証券の売買取引

### (1) 売買取引の仕組み

金融商品取引所における有価証券の取引には、証券会社等の金融商品取引業者および登録金融機関のなかで参加資格を認められた者（会員等）しか参加できません（111条）。顧客が自己の計算で会員等に取引を行うよう注文を出し、会員等が顧客の計算で自己の名で取引を執行することになります。ここにいう「自己の名で」とは取引の法主体が証券会社であることを、「顧客の計算で」とは取引の経済的効果が最終的に顧客に帰属することを意味しています。会員等の名で取引をするほうが円滑な執行と決済を実現できますし、仮に顧客の委託が無効であった場合も会員等の自己売買として処理されるので市場取引に混乱を生じません。もっとも、2005年12月に起きた大量の**誤発注**のように、流通株式数を超える株式の売買注文が誤って出されると株価を大きく変動させ、決済にも支障をきたします。この点については、取引所において上場株式総数の30％を超える注文を受け付けない仕組みを導入しましたが、市場のプレーヤーである証券会社の側でも、誤発注を利用した自己売買を行わないという姿勢が重要でしょう。

会員等が取引所における売買取引を顧客から受託する際には取引所が定める**受託契約準則**によらなければなりません（133条）。受託契約準則は会員等と顧客の関係を規律するもので、その内容に内閣総理大臣の監督が及びます。顧客が会員等に対して支払う売買委託手数料は、かつて受託契約準則によって一律に定められていましたが、現在では完全に自由化されています。

顧客の注文は、売買の別、銘柄、数量、値段の限度などを指示して行わなければなりません。ただし、これらのいずれかを金融商品取引業者（証券会社）に委ねる一任勘定取引も、一定の範囲で許容されています（40条2号、金商業府令123条）。顧客注文の執行方法としては、①複数ある取引所のいずれか、②取引所の立会時間内取引、③取引所の立会時間外取引、④私設取引システム、⑤他の金融商品取引業者との取引、⑥委託を受けた金融商品取引業者が相手方となる取引などが考えられます。顧客からの注文を受けた金融商品取引業者は、顧客に対し委任契約の受任者の地位に立ち、顧客に対して誠実義務（36条）を負っています。そこで、金融商品取引業者は、顧客の注文を最良の条件で執行するための方針をあらかじめ定め、取引前に**最良執行方針**を記載した書面を顧客に交付し、それに従って注文を執行しなければなりません（40条の2）。

取引所における注文付け合わせ手法にはオークション方式とマーケットメイク方式がありますが、現在、日本の取引所ではマーケットメイク方式は採用されていません。**オークション方式**とは、注文を価格優先の原則および時間優先の原則に従って付け合わせていく方式で、注文同士が競争して売買を成立（約定）させます。価格優先の原則とは、価格を指定する注文では、高い買付けが安い買付けに優先し、安い売付けが高い売付けに優先するというもの、時間優先の原則とは、価格が同じならば時間が前の注文が優先するというものです。約定すると、原則として4日目に代金の決済と証券の受渡しが行われます。

顧客が金融商品取引業者から金銭や有価証券を借り入れて売買を行う信用取引も認められています。資金をもたない投資家の買付けの投資判断や有価証券をもたない投資家の売付けの投資判断も市場に集め、価格形成をより効率的に行うためです。ただし、信用取引は投機性が高いので、信用取引の委託者が金融商品取引業者に差し入れる委託証拠金（有価証券で代用可）の割合を内閣総理大臣が調整できるようにし、過当な投機が生じないようにしています（161条の2）。

### (2) 高速取引行為

最近、世界各国の取引所で**HFT**が問題となっています。HFT（High Frequency

Trading, 高頻度取引）とは、アルゴリズムに基づいて高速高頻度で投資家が執行する取引をいいます。東京証券取引所（東証）では、現在、1秒間に最大数千回の売買が可能です。また、東証は、取引所の売買システムに物理的に近い場所に証券会社のサーバーの設置を認めるコロケーション・サービスを提供しており、証券会社はコロケーション・エリアの一部を投資家に貸し出しています。コロケーション・サービスの利用者は、他の投資家よりも早く、価格情報や取引情報を得たり注文を取引所に到達させたりすることができるのです。東証の全取引に占める、コロケーション・エリアからの取引の割合は、取り消された注文を含む注文件数で75%、約定件数で45%を占めるようになりました。

ＨＦＴに対しては、①相場の急変動やボラティリティ上昇の原因ではないか、②個人投資家に不公平感を与えないか、③ＨＦＴのシェアが過半を占める市場では、企業価値に基づいた市場価格の形成が妨げられないか、④異常な注文・取引やサイバー攻撃による影響が瞬時に市場全体に伝わり、市場に大きなトラブルを引き起こすのではないか、⑤相場操縦などの不公正取引に利用されないかといった懸念が表明されています。他方で、ＨＦＴが市場に流動性を与え、その恩恵が一般投資家に及んでいることも否定できません。ＨＦＴの規制は世界各国で議論されていますが、日本ではＨＦＴを行う者を登録制とし、必要な体制整備・リスク管理義務を課す法改正が平成29年に行われました。

改正法は、有価証券の売買、市場デリバティブ取引、これらの行為の委託等をコンピューターにより自動的に行い、かつ取引のための情報伝達がコロケーション・エリアにサーバーを置く方法で行われるものを**高速取引行為**と名付け（2条41号）、金融商品取引業者等以外で高速取引を行おうとする者は内閣総理大臣の登録を受けなければならないとしました（65条の50第1項）。行為者は、高速取引行為を行うのに必要な知識を有する者の確保や法令遵守のための責任者の設置を求められ、高速取引行為の業務管理体制を整備することになります。具体的には、取引システムのテストやモニタリング、誤発注を防止するための措置、アルゴリズム取引を行うことの当局への通知、注文がアルゴリズム取引によるものであることの明示、取引戦略の届出、取引記録の作成・保存などが求められます。もっとも、アルゴリズムそのものを届け出る必要はないとされています。金融商品取引業者等の高速取引行為の規制は、その業規制のなかで行います。

このように高速取引行為の規制の枠組みは整いましたが、問題は、規制の内容や監督の実態が上記①～④の懸念を払拭するのに十分なものになっているかどうかでしょう。理論的には、高速取引行為者が一般投資家よりも有利な条件で取引を成立させている点を法的にどう評価するか（上記②の観点）は難しい問題です。

### (3) 売買の決済と振替制度

取引所において有価証券の売買取引が約定されると、証券の受渡しと代金の支払いをする必要が生じます。以前の制度では約定から原則として4日目（T＋3）にこれらの決済が行われていました。この決済期間を翌日（T＋1）まで短縮し、かつ証券の受渡しと代金の支払いとを相互に条件づけるDVP（delivery versus payment）を実現するために、有価証券の**ペーパーレス化**（電子化）が図られてきました。ペーパーレス化すれば、有価証券の保管から生じるコストやリスクも減らすことができます。

有価証券のペーパーレス化のための法制の整備は、コマーシャルペーパー（CP）、国債・社債、株式・新株予約権付社債の順に進みました。2009年1月には、上場株式の**振替制度**への移行が一斉に行われました。俗にいう株券の電子化です。この結果、現在、決済期間はT＋2まで短縮されています。新株予約権や新株予約権付社債については、振替制度を利用するかどうかを発行者が決定します。

振替制度において株式を譲渡するには、投資家は、金融商品取引業者等の**口座管理機関**に口座を開設しておかなければなりません。そして、譲渡側の投資家が振替の申請をすると、その投資家の振替口座簿に株式数の減少の記録が、譲受側の投資家の振替口座簿に株式数の増加の記録がなされます。これにより、譲受側の投資家は株式という権利を取得したことになります。もっとも、売買注文の約定が取引所または証券会社等を通じて行われることに変わりはありません。

上場会社が新たに有価証券を発行する場合は、投資家からの払込みを確認した上場会社からの通知により、口座管理機関が投資家の振替口座簿に株式の銘柄および数を記入し、これにより、投資家は株式を取得します。以上のように、電子証券の振替を行うために口座の開設を受けて振替を行う行為を、金融商品取引法は金融商品取引業を構成する行為と位置づけ（2条8項17号）、口座管理機関の振替業務を**有価証券等管理業務**として規制しています（第8章9節参照）。

## 3 デリバティブ取引

### (1) 市場デリバティブ取引

デリバティブ取引のうち取引所の定める基準・方法に従い取引所市場で行うものを**市場デリバティブ取引**といいます。日本における市場デリバティブ取引は、証券取引所における債券先物取引が昭和60年（1985年）に認められたときから始まりました。その後、昭和63年（1988年）の法改正により、有価証券の先物・オプション取引は証券取引所で行い、通貨・金利等の先物・オプション取引については、金融先物取引法を制定し、金融先物取引所で行うという分業体制が出来上がりました。

金融商品取引法は、証券取引所と金融先物取引所を金融商品取引所として同一に扱うことにしましたので、有価証券関連のデリバティブ取引もそれ以外の金融先物取引も、金融商品取引所ですることができるようになりました。

デリバティブを市場に上場すると一般投資家もデリバティブ取引に参加することになります。他方、デリバティブ取引についてはディスクロージャー制度がありませんので、投資家は自ら情報を収集して投資決定を行わなければなりません。そこで従来は、デリバティブの上場については内閣総理大臣の承認制がとられていましたが、金融商品取引法では、制度の横断化と規制緩和の観点から、デリバティブの上場についても原則として事前届出制を採用しています（121条）。

市場におけるデリバティブ取引の参加者および顧客からの注文の受託については、1節および2節で述べたところが当てはまります。

### (2) 店頭デリバティブ取引

金融商品市場によらない**店頭デリバティブ取引**は相対で行われるため、通常、取引当事者は取引相手の信用リスクを把握しているはずです。しかし、２００８年秋の世界的な金融危機においては、欧米の金融機関が膨大な店頭デリバティブ取引を行っており、相手方の情報を適切に管理できなかったことから、個別の金融機関に破綻の懸念が生じると、相手方の信用リスク（カウンター・パーティー・リスク）が顕在化し、金融機関の連鎖破綻（**システミック・リスク**）が懸念されました。そこで、国際的な合意に基づき、店頭デリバティブが成立した場合に清算機関が取引当事者の間に入り、取引当事者は清算機関との間でデリバティブ取引の決済を行うという**清算集中**が図られることになりました。

店頭デリバティブ取引は国境を超えて行われることが多いので、金融商品取引法は、金融商品取引業者または登録金融機関（金融商品取引業者等）が一定の店頭デリバティブ取引を行った場合に、国内清算機関、国内清算機関と外国清算機関の連携による方式、外国清算機関のいずれかにおいて清算を行うことを義務づけています（156条の62第1項2号）。清算集中の対象となる取引には、固定金利の支払いと変動金利の支払いを交換する円金利スワップで、取引規模の大きい金融機関同士の取引が、国内清算機関による清算が義務づけられる取引には、一定の**クレジット・デフォルト・スワップ**（**CDS**）の指標取引で、取引規模の大きい金融機関同士の取引が指定されています。

清算集中の対象となる店頭デリバティブ取引のうち円金利スワップについて平成24年改正法は、**電子情報基盤**を通じて取引を行うよう求め、そのような電子情報基盤の提供行為を第

1種金融商品取引業と位置付けました。規制当局によるモニタリングを容易にし、システミック・リスクを低減するためです。

## 4　金融商品取引所

### (1)　組織

**金融商品取引所**とは、有価証券の売買または市場デリバティブ取引を行う**金融商品市場**を開設する者をいいます（2条16項）。証券取引所は、かつて、証券会社・外国証券会社を会員とする会員組織のものしか認められていませんでしたが、平成12年の法改正により株式会社形態のものが認められました。証券取引のグローバル化に伴い市場間競争が激化しつつある環境において、会員組織よりも株式会社のほうが意思決定を迅速に行うことができ、また新株発行等による資金調達が可能になるからです。金融商品取引法は、それまでの証券取引所と金融先物取引所を包括する概念として金融商品取引所の定義（2条16項）を置き、実際に有価証券の売買市場と金融デリバティブ取引を行う市場とを開設している金融商品取引所もあります。

金融商品取引所が金融商品市場を開設するには、内閣総理大臣の免許を受けなければなりません（80条1項）。金融商品市場は国民の資産運用の場であり国民経済の健全な発展にとって極めて重要であることから、金融商品市場の開設・運営に行政による監督が十分及ぶようにするためです。

会員組織の金融商品取引所は営利の目的をもって業務を営むことが禁止されます（97条）。株式会社組織の取引所は営利を目的とすることができますが、金融商品市場の開設、それに付帯する業務、および取引所グループ内のシステム開発・提供業務以外の業務を行うことはできません（87条の2）。

株式会社組織の取引所の株式については、まず、5%を超える議決権の保有者となった者は内閣総理大臣に届出なければならず（103条の3）、20%以上（一定の場合は15%）の議決権の取得・保有は原則として禁止されます（103条の2）。取引所の公共性を維持するためです。もっとも、これには、①地方公共団体や外国の金融商品取引所による出資（106条の3）、②金融商品取引所同士の連携・統合（103条の2第1項）、③商品取引所との連携・統合（同条同項）を可能にするための3つの例外があります。

### (2) 市場区分の見直し

2000年ころには、ベンチャー企業などの新興企業向けの市場が続々と開設され、取引所間の投資家の獲得競争、上場会社の獲得競争が激化しました。こういった**市場間競争**にほぼ決着がつき、また、２００６年1月のライブドア・ショック以降、ベンチャー企業に対する投資が低調になると、こんどは取引所の再編が進みました。２０１０年にジャスダック取引所は大阪証券取引所と合併し、新興企業向け市場はジャスダックに統合されました。２０１３年には、国内1位の東京証券取引所と2位の大阪証券取引所が統合し、持株会社（日本取引所グループ）の下に現物市場運営会社（東京証券取引所）、デリバティブ市場運営会社（大証取引所）、自主規制法人（日本取引所自主規制法人）、および清算機関（日本証券クリアリング機構）が置かれました。

この結果、東京証券取引所には、一部市場、二部市場、マザーズ、ジャスダックが並立することになりました。しかも、一部市場へ直接上場するには時価総額２５０億円以上という要件が課されるのに、二部市場やマザーズを経由して一部市場に上場するには時価総額が40億円以上であれば足りるなど、不均衡なルールが残っており、その結果、東証一部上場企業の数は約30年間で2倍の２２００社近くに膨れ上がってしまいました。そこで、各市場のコンセプトを明確にし、上場企業に企業価値の向上を促すための市場区分の見直しが行われました。２０２２年4月4日から東証の市場は、**プライム市場**、**スタンダード市場**、**グロース市場**に再編成されます。プライム市場は、グローバルな投資家との建設的な対話を中心に据えた企業向けの市場であり、上場基準は時価総額２５０億円以上のほか流通株式時価総額が

100億円以上、安定株主だけで株主総会の特別決議を成立させることができないように流通株式比率35%以上が求められます。スタンダード市場は中堅企業向けの市場、グロース市場は高い成長可能性を有する企業向けの市場というコンセプトを付与されます。もっとも、上場会社がせっかく手に入れた東証一部上場というブランドを手放させるのは不合理ともいえるので、上場会社の新市場への移行には一定の配慮がされています。また、東証一部全銘柄を対象とする株価指数である**TOPIX**については、TOPIX構成銘柄が公的資金による購入対象とされ、そのことがいびつな価格形成の一因となっていたため、市場区分とTOPIXを切り離す見直しが行われました。

注目すべき点は、2021年改訂のコーポレートガバナンス・コードがプライム市場上場会社を名宛人とする特則を定めたことです。その結果、プライム市場上場会社は、①株主総会用の議決権電子行使プラットフォームを整備する、②英語による情報開示・提供を行う、③気候変動が企業に及ぼす影響の開示を行う、④独立社外取締役を3分の1以上（支配株主がいる場合には過半数）とする、⑤任意でもよいので独立社外取締役が過半数の指名委員会・報酬委員会を設けることが求められます。もちろん、理由を開示すればこれらに従わないことも許されますが、プライム市場上場会社は機関投資家との対話が予定されているので、対話により遵守するよう促されることになるでしょう。

## 5　金融商品取引所の自主規制

取引所が金融商品市場を適切に運営していくうえで重要なのは、自主規制です。自主規制とは、一定の公益目的を達成するために私的団体が自治的規則を定めて規制を行うことをいい、金融商品取引所は会員・取引参加者（会員等）および上場会社に対し規制を行う**自主規制機関**（SROs Self-Regulatory Organizations）です。自主規制の長所としては、①当該業務を熟知する者が規制を行うので、実際的で妥当なルールが制定・執行される、②会員等や発行者が規制のコストを負担するので、国民にとって規制のコストが安い、③同業者間の商業倫理という法令によるよりも高いレベルの規制を実施できることがあげられます。

他方、取引所による自主規制については、とくに次のような利益相反から生じる問題が指摘されてきました。①取引所は会員等から取引手数料を得ているので、公正な取引を確保するために会員等を規制するルールの制定や執行がおろそかになる、②取引所は上場会社から上場手数料を得ているので、上場基準を緩和し、または上場審査を甘くする、③②と同じ理由から、ディスクロージャー・ルールの制定や執行がおろそかになる、④株式会社形態をとる取引所では、短期的な利益追求のために自主規制部門に十分な資源を割り当てず、自主規制の質が全般的に低下するなどです。

金融商品取引法は、自主規制業務の位置づけを明らかにしたうえで、自主規制を独立した自主規制法人に委託する方式（85条）や同一法人内の自主規制委員会に委託する方式（105条の4）を示して、取引所が自らの判断で選択できるようにしています。自主規制法人や自主規制委員会に自主規制業務を委託しないこともできます。

**自主規制業務**とは、①金融商品等の上場・上場廃止に関する業務、②会員等の法令・取引所規則・取引の信義則の遵守状況の調査、③内閣府令で定める業務をいい、金融商品取引所は自主規制業務を適切に行わなければなりません（84条）。③の業務としては、売買審査、会員等の審査・処分、上場会社の情報開示の審査および処分があげられています（取引所府令7条）。

## 6 プロ向け市場

金融商品取引所が開設している新興企業向け市場（4節）における取引の大部分は個人投資家によって行われています。しかし、新興企業が発行する有価証券はリスクが高いので、開示情報を判断する能力のある専門家が中心となって取引を行うのが本来の姿だと考えられます。ロンドン証券取引所は、機関投資家が取引の中心となる非上場証券のための市場（ＡＩＭ）を1995年に開設し、ＡＩＭは新興企業の資金調達の場として成功しました。

そこで、平成20年改正法は、成長過程にある企業の市場へのアクセスを容易にするために、金融商品取引法で導入された**プロ投資家**の制度（第1章5節(2)）を用いて、金融商品取引所が法定の開示制度が適用されない自由度の高い**プロ向け市場**を開設できるようにしました。現在、東京証券取引所がプロ向けの株式市場と債券市場を開設しています。

プロ向け市場（法律の用語では「**特定取引所金融商品市場**」）とは、プロ投資家と一定の非居住者のみが有価証券を購入することのできる市場です（2条32項）。プロ向け証券（法律上の用語では「特定投資家向け有価証券」）の取引を、原則としてプロ向け市場で行わせ、**一般投資家**がプロ向け証券を取得して不測の損害を被らないようにしています（40条の4）。ただし、一般投資家もプロ向け証券をプロ向け市場で売却することはできます。

プロ向け市場では、従来型の厳格なディスクロージャー（継続開示、第3章）は行われません。代わりに取引所が自主規制により、開示の様式、会計基準、開示に用いられる言語、開示の方法を定めて、発行者に継続的な情報の開示または提供を求めることになっています（27条の32）。プロ投資家には情報分析能力があるので、外国の会計基準、外国語による開示であっても適切な投資判断を下せると考えられたからです。そして、プロ向け市場の開示に虚偽があった場合については、民刑事の責任および課徴金を適用し、開示情報の正確性を法的に確保しています（27条の34、172条の11、197条）。これは、取引所の自主規制によるディスクロージャーを法律がバックアップするものであり、これまでにはなかった仕組みです。

プロ向け市場に上場しているか上場しようとする企業がプロ投資家から資金調達を行う場合にも、従来型のディスクロージャー（発行開示、第2章）は行われません。この目的を達成するために、**特定投資家向け私募**の制度が設けられました（2条3項2号ロ）。ただし、ほかの私募のように開示が全く行われないのではなく、ここでも、取引所の自主規制による情報の開示が求められ（27条の31）、それを民刑事の責任・課徴金によりバックアップする仕組みが採用されています。

## 7 総合的な取引所

商品（コモディティ）の先物取引等を行わせるために、商品取引所が商品先物市場を開設しています。ところが、投資家の減少により日本の商品先物市場の規模は小さくなり、このままでは国内で商品のリスクヘッジができなくなるおそれが出てきました。平成21年の改正では金融商品取引所と商品取引所の相互乗入を可能にしましたが、両者の合併・統合は進みませんでした。

平成24年の改正では、金融商品取引所において商品先物取引を行えるようにし（2条21項、24項）、その取引に既存の商品先物取引業者や商品の現物を扱う商社などの当業者が参加できるようにしました（112条2項、113条2項）。金融商品取引所で行われる商品先物取引（商品関連市場デリバティブ取引）には金融商品取引法が適用され、市場取引の公正を確保するための相場操縦の禁止（第6章5節）や取引の勧誘に関する業者の行為規制（第7章）が適用されることになります。しかし、有価証券にのみ適用されるディスクロージャー制度（第2章～第5章）やディスクロージャー制度を前提とするインサイダー取引規制（第6章1～4節）は、商品関連市場デリバティブ取引には適用されません。

総合的な取引所は長らく実現しませんでしたが、商品取引所である東京商品取引所は日本取引所グループの傘下に入り、2020年7月より一部の商品先物取引が大阪取引所に移管されました。この結果、金融商品のデリバティブ取引を扱う大阪取引所において商品先物取引も行われるようになりました。

# 第6章 市場における不公正な取引の禁止

# 1　インサイダー取引が禁止される理由

インサイダー取引とは、会社経営者など未公開情報を入手できる地位にある者が未公開の重要情報を利用して行う証券取引をいい、日本では昭和63年（1988年）の証券取引法改正により禁止されるに至りました。

①インサイダー取引は会社経営者の報酬形態として合理的である、②インサイダー取引によって市場価格は未公開の情報を反映したものになるから、市場はより効率的になる、③会社経営者にインサイダー取引を認めるかどうかは会社（株主）が決めるべきであって、市場が決めるべきではない等の理由から、インサイダー取引を擁護する見解もあります。しかし、①については、ストックオプションのように経営者の利益と会社の利益を一致させる報酬形態は他にもありますし、②については、インサイダー取引を認めると、内部者は自分が取引によって利益を得るまで正規の情報開示を遅らせることになると批判されています。③については、インサイダー取引が行われている市場では取引したくないという投資家が多ければ、多くの投資家は市場取引に参加せず市場の流動性は失われますので、市場の流動性を高め、市場の機能を発揮させるために、どの市場でもインサイダー取引を禁止するのだと反論されています。

一般に、インサイダー取引は不公正だから禁止される、投資家の市場に対する信頼を害するから禁止されると説明されていますが、「不公正」とか「市場に対する信頼」は、このような市場の機能との関係で理解すべきです。つまり、インサイダー取引が本当に不公正な取引か否かははっきりしないが、資本市場が機能を発揮するには一般投資家の取引参加が不可欠であり、一般投資家がインサイダー取引を不公正であると感じる以上、インサイダー取引は禁止されなければならないのです。

平成25年に、インサイダー取引規制の適用対象に、取引所に上場された投資法人（上場投資法人）の投資証券が加えられました。これも不動産投資信託（REIT）市場に対する投資家の信頼を確保することが必要と考えられたからです。

インサイダー取引の禁止範囲は、国によってさまざまです。インサイダー取引の禁止は、1960年代のアメリカの判例法から始まり、1980年代以降に本格的に執行されました。日本はこれを参考に昭和63年（1988年）に立法を行いましたが、ヨーロッパ諸国ではEUの指令に基づいて1990年代に立法作業が行われました。ヨーロッパ諸国では、日本やアメリカよりもずっと広い範囲のインサイダー取引を禁止しています。

## 2 内部情報に関するインサイダー取引

日本法では、166条が「内部情報」に関するインサイダー取引を禁止し、167条が「外部情報」に関するインサイダー取引を禁止しています。166条は、①重要事実を知った、②会社関係者、または③情報受領者が、④当該事実の公表前に、⑤関係証券の売買・情報伝達・取引推奨を行うことを禁止しています。167条では、②が公開買付者等関係者に変わります。以下、上場会社の株式についてインサイダー取引が行われる場合を念頭に、それぞれの要件を説明します。

### (1) 重要事実

インサイダー取引が成立するためには、知った情報が投資家の投資判断にとって重要なもの（**重要事実**）でなければなりません。そのような重要事実は、①決定事実、②発生事実、③決算変動、④包括条項、⑤子会社の重要事実に分けて定義されています（166条2項）。

**決定事実**とは、上場会社の業務執行決定機関が一定の事項を行うことについての決定をしたこと、または一度行うと決定し公表した事項を行わないと決定をしたことであり、その事項とは、株式の発行・自己株式の処分、資本減少、資本準備金・利益準備金の減少、自己株式の取得、株式無償割当、株式分割、剰余金の配当、株式交換、株式移転、合併、会社の分割、事業の全部または一部の譲渡・譲受け、解散、新製品・新技術の企業化、および政令で定める事項です（同項1号）。ただし、内閣府令が定める軽微基準に該当するものは除かれます。

日本織物加工株事件最高裁判決（平成11年6月10日）は、業務執行決定機関とは、実質的に会社の意思決定と同視されるような意思決定を行うことができる機関であれば足りるとし、各取締役から実質的な決定権限を付与されていた代表取締役は、業務執行決定機関に当たるとしました。ワンマン社長の会社では、社長の意思決定があれば、それだけで投資家の投資判断にとって重要と考えられるからでしょう。

また同判決では、「株式の発行を行うことについての決定」をしたとは、会社の機関において株式の発行に向けた作業等を会社の業務として行う決定をしたことをいい、当該株式の発行が確実に実行されるとの予測が成り立つことは要しないとしました。しかし、実現可能性の低い決定は投資家の投資判断にとって重要でないので、そのような決定を重要事実とする解釈はインサイダー取引規制の趣旨に反するものと思われます。

**発生事実**とは、上場会社に、災害に起因する損害・業務遂行の過程で生じた損害、主要株主の異動、特定有価証券・特定有価証券に係るオプションの上場廃止の原因となる事実、または政令で定める事実が発生したことをいい（同項2号）、軽微基準に該当するものは除外されます。

**決算変動**とは、上場会社またはその属する企業集団の売上高・経常利益・純利益・配当のいずれかについて、直近の予想値・実績値と新たに算出された予想値・実績値に、内閣府令で定める重要基準を満たすような一定の変動が生じたことをいいます（同項3号）。決算変動を重要事実にしたのは、決定事実や発生事実の発生を伴わないような通常の業績変動であっても、変動幅が大きければ投資判断にとって重要な影響を与えるので、インサイダーの取引を禁止する必要があるからです。

法がこのように重要事実を具体的に列挙したのは、インサイダー取引規制の範囲を明確にするためです。しかし、重要事実を個別列挙するのでは新しいインサイダー取引に適切に対応できないことから、「上場会社の運営、業務または財産に関する重要な事実であって投資家の投資判断に著しい影響を及ぼすもの」という**包括条項**が設けられています（同項4号）。

包括条項の適用方法について、日本商事株事件最高裁判決（平成11年2月16日）は、上場会社が開発した新薬に副作用症例が発生した事実について、「災害又は業務に起因する損害」（発生事実）に該当しうる面があり、この面について重ねて包括条項を適用することは許されないが、発行者の製薬会社としての信用を低下させ今後の業務・財産に重大な影響を及ぼすという面もあり、この面について包括条項を適用することは許されるとしました。このような解釈では、同一の事実を2つ以上の面に分けることになり、投資判断にとって重要な事実を「重要事実」と把握できないおそれがあります。立法論としては、重要事実の個別列挙はやめ、包括条項一本にすべきでしょう。

**子会社の重要事実**は、投資判断にとって連結情報が重要になってきたため、平成10年の改正で重要事実に加えられたもので、決定事実、発生事実、決算変動、包括条項に分けて定義が置かれています。

### (2) 会社関係者

一定の地位にある者が一定の関係から重要事実（重要な未公開情報）を知った場合に限って「**会社関係者**」に該当します（166条1項）。具体的には、①上場会社等（上場会社・その親会社・子会社）の役員等（役員・代理人・使用人その他の従業者）が、その職務に関し知った場合（同項1号）、②3％以上の株主が帳簿閲覧権の行使に関し知った場合（同項2号）、③上場会社等に対する法令に基づく権限を有する者が、その権限の行使に関し知った場合（同項3号）、および④上場会社等の契約先が、契約の締結・交渉・履行に関し知った場合（同項4号）です。上場投資法人については、資産運用会社やその親会社（スポンサー企業と呼ばれる）の役員等も会社関係者とされています（同項1号）。投資証券に関する内部情報に接近できる地位にあると考えられるからです。

②より、株主が株主総会で重要事実を知った場合は、会社関係者としてではなく情報受領者として知ったことになります。③は、公務員や監査役（子会社調査権を有する）がこれに当たります。④は取引先が典型ですが、あらゆる契約が含まれます。

上場会社Aの取引先B社において、A社担当のXが知った情報を、社内のYに職務上伝達した場合には、Yも会社関係者（同項5号）になりますが、Xが社内のZに友人として伝達した場合には、Zは会社関係者にはならず情報受領者（166条3項）になります。なお、会社関係者として重要事実を知った者は、会社を辞めても1年間は規制の対象となります。

このように会社関係者の範囲は限定的であり、職業または地位ゆえに重要事実に接近しうる者のすべてを捉えてはいません。たとえば新聞記者やアナリストは、その職業ゆえに未公開の重要事実を入手しうる立場にありますが、発行会社と契約関係がないので会社関係者にはならず、情報受領者になるに過ぎません。その結果、アナリスト等から情報を伝達された者の取引は不可罰となってしまいます（(3)参照）。

### (3) 情報受領者

会社関係者から情報の伝達を受けた者（**情報受領者**）も、取引を禁止されます（166条3項）。レストランの隣の席でたまたま重要事実を聞いた場合には、「伝達を受けた」とはいえないので、情報受領者には当たりません。

情報受領者から情報の伝達を受けた第二次受領者は、取引を禁止されません。情報受領者に当たるかどうか投資家にとって明確でなければならないと考えられたからです。しかし、外国にも例を見ない限定の仕方であり、立法論としては適当でないと批判されています。ただし、情報受領者が法人の役員等であり、その者が法人内で職務上、情報を伝達するときは伝達先も情報受領者と扱われます。また、XがYを使って会社関係者から情報を聞き出したような場合には、Xが情報受領者と判断されることになるでしょう。

### (4) 公表措置

インサイダー取引が禁止されるのは、重要事実が公表されるまでの間です。重要事実は、①有価証券届出書、有価証券報告書、半期報告書、四半期報告書、臨時報告書等に記載されて公開されたとき、②2以上の報道機関に対し公開されてから12時間が経過したとき、③上場会社から取引所に通知され、取引所のホームページ上で公開されたときの、いずれか早い時期に公表されたことになります（166条4項）。平成15年改正で導入された③が、ふつうは一番早い**公表措置**でしょう。②にいう公開とは、会社役員が記者の取材に応じて情報を伝達するのでもよいが、情報源を公にしないことを前提とした情報伝達は「公開」に当たらないと解されています（最高裁平成28年11月28日決定）。

### (5) 禁止される行為

インサイダーが禁止されるのは、まず、当該上場会社の特定有価証券等に係る売買その他の有償の譲渡・譲受け、またはデリバティブ取引です（166条1項）。特定有価証券等とは、上場会社の社債券、株券、新株予約権証券などの特定有価証券と、特定有価証券に係るオプション証券などの関連有価証券をいいます（163条参照）。会社が合併や会社分割によって得た資産の中に上場株式が含まれている場合には、包括承継による取得なので規制の対象にならないと扱われてきました。しかし、会社関係者が未公開情報を知って合併等を行う場合もありうることから、平成24年の改正ではこの扱いを変更しました。また、会社が株式を発行する場合は株主になる者が他人から権利を譲り受けるのではなく、株式という権利がその者の元で発生する（原始取得という）ので規制対象とならず、自己株式の交付を受ける場合は売買として規制対象になるといった不整合があったため、こちらは前者に揃えて規制から除外しました。細かい技術的な問題のように見えますが、理論的に重要な論点を含んだ改正です。さらに、平成25年の改正では、後述するように、これらに情報の伝達および取引推奨行為の禁止が加わりました（167条の2）。

２０１０年から２０１１年ころにかけて、引受証券会社の社員から公募増資情報の伝達を受けた投資運用会社や信託銀行がファンドの資産で発行者の株式を売却して損失を免れるという**増資インサイダー**事件が立て続けに起こり、日本市場に対する投資家（とくに外国の投資家）の信頼を傷つけるというスキャンダルが起こりました。証券会社が増資情報をインサイダー取引に用いて発行者の利益を損なうことは、本来あってはならない行為です。また、引受部門と営業部門の間のチャイニーズウォール（情報の隔壁）を堅持していれば、これを超えて情報が伝達されるのはあり得ないのですが、銘柄名さえ言わなければ情報を受領した者が取引をしてもインサイダー取引に当たらないという誤解が証券会社内にあったようです。

日本のインサイダー取引規制では、インサイダーが重要事実を伝達し、または重要事実に基づいて取引を推奨することは、取引を行った者との共犯が成立する場合を除いて処罰の対象とされていませんでした。このため、増資インサイダー事件でも、情報を伝達した証券会社の営業員は刑事罰や課徴金の対象になりませんでした。そこで平成25年の改正により、重要事実を知る会社関係者がそれを他人に伝達したり、情報を伝達せずに特定銘柄の取引を推奨する行為を禁止しました（167条の2）。ただし、**情報伝達**や**取引推奨**は、他人に利益を得させ、または損失を回避させる目的で行った場合にのみ違法となり（目的要件）、その他人が実際に取引を行った場合に限って、情報伝達者・取引推奨者も処罰の対象となります。職務に従って内部情報を伝達する行為や会社のＩＲ活動が萎縮することがないようにするためです。内部情報をうっかり家族等に話してしまった場合も目的要件を欠くため、違法な情報伝達ではありません。

その後、増資インサイダー事件で、課徴金を取り消す判決がいくつか出されています。これは、証券会社内の営業部門が引受部門と無関係に重要事実を知った場合には会社関係者に当たらないと解されるところ、引受部門と営業部門との間で重要事実が伝わったことを示す十分な証拠を金融庁が示すことができなかったためです。

### (6) 適用除外取引

インサイダー取引は形式犯として構成されており、重要事実を利用して取引したことや、当該取引によって利益を得たことは、インサイダー取引罪の成立要件とされていません。市場外での売買も禁止の対象です。

ただし、次の取引は、重要事実を知って行ってもインサイダー取引になりません（166条6

項)。①株式の割当てを受ける権利の行使、②新株予約権の行使、③特定有価証券等に係るオプションの行使、④株式買取請求権の行使、⑤対象会社の要請による公開買付者等に対抗するための対抗買い、⑥自己株式の取得を授権する決議が公表された後に、自己株式を買い付ける行為(自己株式取得決定以外の未公表の重要事実がない場合に限る)、⑦適法な安定操作取引、⑧普通社債の売買、⑨金融商品市場外で行う取引で、売買当事者双方が重要事実を知っている場合、および⑩重要事実を知る前に締結された契約または決定された計画に基づいてする売買です。これらの適用除外取引には、理論上当然に認められるものと政策的に認められたものが混在しています。

## 3 外部情報に関するインサイダー取引

投資家の投資判断にとって重要な情報には、上場会社以外の者を発生源とするもの(**外部情報**)もありますが、そのような外部情報に接近しうる一定の地位にある者が当該情報を知って証券取引を行うことも、投資家との関係で不公正であると考えられます。そこで167条は、公開買付け・株式買集めに関する重要事実について、公開買付者・買集め者と一定の関係にある者(**公開買付者等関係者**)による証券取引を禁止しています。

このことは、公開買付け・株式買集め以外の外部情報によるインサイダー取引は、日本では禁止されていないことを意味します。たとえば、①競業他社に対する免許の付与、②政府による特定産業分野の規制強化・緩和、③政府の金利・為替政策、④証券会社による推奨販売、⑤投資ファンドによる投資の引上げなどの情報に基づくインサイダー取引は、規制の対象と想定されていません。

もっとも、①~③は影響を受ける上場会社にとって、「運営、業務又は財産に関する重要な事実」（166条2項4号）に当たる可能性があります。しかし、その場合も、当該上場会社の会社関係者がインサイダーとして規制の対象になり、情報源との関係で情報を入手しうる地位にある者（公務員など）が規制の対象になっていないという問題があります。④⑤のようなマーケット・インフォメーションは上場証券に関する事実であって、上場会社の運営・業務・財産に関する事実とはいえないでしょう。以下では、公開買付け・株式買集めに係るインサイダー規制のうち、内部情報のインサイダー規制と異なる点について説明します。

167条の重要事実とは、ある者が上場会社の株券等について公開買付け等を行うことについての決定をしたこと、または一度行うと決定し公表した公開買付け等を行わないことを決定したことをいいます（同条2項）。「公開買付け等」には、他社株公開買付け・自社株公開買付けと上場株券等の5％以上の買集めが含まれます。「ある者」が法人である場合には、その業務執行決定機関による決定が必要です。

　ある者が株式の買集め決定をしたが資金繰りが付かないので買集めが開始されなかったときや、そもそも実現可能性の低い「買集め決定」だったときでも、関係者の売買が禁止されるでしょうか。投資ファンドの主宰者が、株式買集め決定を知って対象株式の取引をしたとして訴追された村上ファンド事件の控訴審判決は、決定といえるためには相応の実現可能性が必要であるとしましたが、最高裁平成23年6月6日判決は、実現可能性がほとんど存在しない場合は別として、公開買付け等の実現可能性があると具体的に認められることは要しないと述べました。重要なのは実現可能性があるかないかではなく、その決定が投資判断に著しい影響を与えるかどうか（重要性）です。解釈による対応が無理であれば、法律改正により制度の不備を是正する必要があります。

　規制の対象となる公開買付者等関係者は、公開買付者・買集め者の役員・代理人・使用人その他の従業者、取引先などです（同条1項）。公開買付けの対象会社およびその役職員も、公開買付情報に接しやすい地位にあるので、公開買付者等関係者に含まれます。もっとも、公開買付けや買集めを行う者自身は、公開買付け等に関する重要事実を知っているからといって、対象株券の取得を禁止されることはありません。

　重要事実の公表がされたとは、公開買付けの決定または中止決定が、①公開買付開始公告・公開買付撤回公告・公開買付届出書・公開買付撤回届出書に記載されたこと、②2以上の報道機関に公開されてから12時間が経過したこと、③上場会社である公開買付者や対象会社から取引所に通知され、取引所のホームページ上で公開されたこと、④上場会社でない公開買付者が対象会社に対して、取引所に通知するよう要請し、取引所のホームページ上で公開されたことをいいます（同条4項）。

インサイダーの禁止行為は、公開買付け等の決定については関係証券の買付け、公開買付け等の中止については関係証券の売付けに限定されていますが（同条1項）。情報の伝達や取引推奨が禁止される点は内部情報に係るインサイダー取引の場合と同じです（167条の2）。適用除外取引は、2節(6)の⑥⑧が、その性質上なく、⑤（対抗買い）の代わりに、公開買付者・買集め者の要請に基づいてする**応援買い**が入っています（同条5項）。また、①公開買付け等の決定・中止決定の伝達を受けた者は、公開買付届出書等にその事実を記載すれば、自ら公開買付けを行うことができ、②公開買付けの決定・中止決定の伝達を受けてから6か月を経過すれば、取引をすることが認められます（同項）。これらは、先に述べた制度の不備を一部解消するために平成25年改正で導入された適用除外取引ですが、①は公開買付届出書等への記載を「公表手段」と定めるべきであり、②は実現可能性が低くなった決定は「公開買付けの決定」に当たらないと解釈すれば足りたと思います。

## 4 インサイダー取引の制裁と防止

インサイダー取引罪は、昭和63年（1988年）の導入当時は形式犯と構成され、その罰則も軽かったのですが、次第にインサイダー取引の反社会性が強調され罰則が強化されました。金融商品取引法では、違反者に5年以下の懲役、500万円以下の罰金、またはその両方を科し（197条の2）、法人の財産または業務に関してインサイダー取引が行われたときは、法人に5億円以下の罰金を科しています（207条）。インサイダー取引によって得た財産（買い付けた株券や売却代金）は没収の対象となり、没収できない場合はその物の価額が追徴されます（198条の2）。投資運用業者が顧客の計算でインサイダー取引をした場合に顧客が得た財産は、憲法上の要請（財産権の保障）から、没収・追徴の対象にならないと解されます。

インサイダー取引は、課徴金の対象にもなっており、インサイダーが得た利得相当額または回避した損失相当額の納付が命じられます（175条）。罰金と課徴金は両方科されることがありますが、没収・追徴が行われたときはその額を差し引いて課徴金の額を定めます。したがって、課徴金は、インサイダー取引について刑事訴追が行われない場合に効果を発揮するといえます。インサイダー取引に対して課徴金は活発に適用されていますが、インサイダーの利得が課徴金額を上回っており抑止効果が十分に発揮されていないという批判もあったため、平成20年の改正により課徴金額をそれまでの2倍程度に引き上げました。また、増資インサイダー事件において投資運用業者に対する課徴金の額があまりにも少なかったため、平成25年の改正により、運用業者の課徴金は、運用報酬の3か月分を基準とするものに変更されました。

上場会社の役員（取締役・監査役・執行役）および10％以上の議決権を有する主要株主は、自社株を6カ月以内に売買して得た利益を会社に提供しなければなりません（164条）。この**短期売買利益の提供**制度は、インサイダー取引を防止するために昭和23年（1948年）制定当時の証券取引法に規定が置かれたもので、昭和63年（1988年）のインサイダー取引禁止立法後も生き残りました。利益の提供義務が生じるには、実際に未公開情報を知って取引したことを要しません。この制度は短期売買自体を禁止するものではなく、単に利益の保持を制限するに過ぎないことから、最高裁は、164条は憲法29条（財産権の保障）に反しないと判断しました（平成14年2月13日判決）。

会社が役員等に対して短期売買利益の提供を請求しないときは、株主が会社に代位して請求することができます。利益提供請求をしやすくするために、役員および主要株主は自社株等の売買をしたときは、翌月15日までに**売買報告書**を内閣総理大臣に提出しなければなりません（163条）。

民法上の組合のように法人格のないファンドが投資をするとき、10％以上の主要株主に該当するかどうかは、ファンドの背後にいる組合員ごとに計算することになります。ここでは利益の帰属主体が問題だからです。ところがファンドの背後にいる株主を把握することが難しいため、金融商品取引法は、主要株主に当たるかどうかを組合が有する議決権で判断することにしました（165条の2）。短期売買利益をあげているか否かも組合ごとに判断し、組合員の全員が利益の提供義務を負います。この改正により、短期的な利益を目的とする投資ファンドの活動が抑制されることになりました。

インサイダーの民事責任については、特別の規定が設けられていないので、投資家は一般不法行為の規定（民法709条）に従って損害賠償を請求することになります。インサイダーの義務は、取引するなら開示しなければならない義務（「開示しないなら取引してはならない義務」といってもよい）ですから、開示義務違反とも取引断念義務違反ともみることができます。

これを開示義務違反と捉えると、不実の情報開示に基づく責任（第3章5節参照）と同様に、インサイダーの取引時から真の情報が開示された時までに取引をした投資家に対し、インサイダーは莫大な額の賠償責任を負うことになりそうです。他方、取引断念義務違反と捉えると、インサイダーが取引をしたことによって投資家が具体的な損害を被っているとは思われないため、投資家は損害賠償を請求できないともいえます。これまで判例はありません。インサイダーの民事責任については、インサイダー取引の抑止効果を発揮させるよう立法上の手当てが望まれます。

## 5 相場操縦の禁止

相場操縦とは、市場における価格形成（相場）を人為的に操作することをいいます。相場操縦は、相場を情報に基づいた相場からかけ離れたものにするだけでなく、相場操縦の行われている市場に一般投資家は寄り付かないでしょうから、市場に対する投資家の信頼を害する強い悪性があり、厳しい罰則をもって禁止されています。しかし、何が相場操縦に当たるかについては、いろいろと問題もあります。

159条は、相場操縦の行為類型として、①仮装取引（1項1～3号）、②馴合い取引（1項4～8号）、③変動操作（2項1号）、④表示による相場操縦（2項2号・3号）、⑤安定操作（2項4号）を列挙しています。いわゆる**仕手戦**は、これらのテクニックを駆使するものであり、違法な相場操縦にほかなりません。

**仮装取引**とは、同一人が同一銘柄について同時期に売り注文と買い注文を出すように、有価証券等の権利の移転を目的としない取引をいい、**馴合い取引**とは、複数の者が通謀して仮装取引を行うことをいいます。いずれも取引高について虚偽の情報を作り出して、投資家の判断を誤らせるおそれがありますので、法は仮装取引・馴合い取引を、取引が盛んに行われていると誤解をさせる等、取引の状況に関し他人に誤解を生じさせる目的（繁盛目的）をもって行うことを禁止しています。

**変動操作**とは、大量の売買注文を市場に出すことによって相場を人為的に変動させる行為をいいます。ところが、大量の売買注文を出せば相場が変動することは当たり前のことなので、どうやって違法行為と適法行為を区別するかが問題になります。

判例は、人為的操作を加えて相場を変動させるにもかかわらず、投資家にその相場が自然の需給関係により形成されたものであると誤認させて有価証券の売買取引に誘い込む目的（**誘引目的**）をもってするのが変動操作であり、この誘引目的がない場合には変動操作に当たらないと解しています（最高裁平成6年7月20日判決）。変動操作は、露見しにくいため、相場操縦の手段として最も頻繁に用いられている手口であるといわれています。

表示による相場操縦には、相場が自己または他人の操作によって変動するべき旨を流布する行為と、有価証券の売買等を行うにつき虚偽または誤解を生じるような表示を故意にする行為があり、いずれも誘引目的をもって行う場合に限り相場操縦行為となります。

**安定操作**とは、相場を安定させる目的をもって一連の売買取引をすることです。相場を安定させるためには、下落傾向にある相場を上昇させ、または上昇傾向にある相場を下落させる必要がありますから、安定操作の悪性は変動操作と変わりありません。

もっとも、有価証券の募集や売出しの際には、大量の証券が市場に出回るため需給関係が崩れて市場価格が下落するおそれがあり、市場価格が募集・売出価額よりも下落すると募集・売出しが失敗に終わる危険が生じます。そこで、法は募集・売出しの元引受証券会社が一定のルールに従って対象証券を市場で買い支えることを許しています。したがって、159条が禁止するのは、このルールに従わない安定操作取引です。

相場操縦の禁止は、有価証券の売買だけでなく、市場デリバティブ取引、上場金融商品等に係る店頭デリバティブ取引にも適用されます。相場操縦を構成する取引を委託する行為も禁止の対象とされています。売買が盛んなように見せかけるために架空の注文を出し、約定が成立しそうになると取り消す「**見せ玉**」は、これに当たると解されています。見せ玉によって他の投資家が取引に誘い込まれるおそれがあるからです。

相場操縦行為の罰則は、違反者が10年以下の懲役、1000万円以下の罰金、またはその両方（197条）、法人が7億円以下の罰金です（207条）。当初は、相場操縦行為のうち変動操作のみが課徴金の対象とされていました。これは、変動操作の場合、行為者の利得相当額を算定しやすいからに過ぎず、違反行為を抑止するという課徴金制度の趣旨からは、他の相場操縦行為も課徴金の対象とすべきです。このような批判を受けて平成20年改正は、仮装取引・馴合い取引・安定操作も課徴金の適用対象に含めました（174〜174条の3）。

相場操縦には特別の民事責任規定が置かれていますが（160条）、損害賠償が認められたケースはありません。相場操縦期間中に市場で取引をした投資家は、違反行為によって形成された価格と違反行為がなかったとしたら形成されていたであろう価格との差額分の損害を被っていると考えられ、投資家の損害を合わせれば莫大な額に上るはずです。相場操縦を抑止するためにも、投資家による損害賠償請求を糾合する制度（**クラスアクション**）が必要でしょう。

## 6　その他の不公正取引

### (1)　包括的な詐欺禁止規定

157条は、①有価証券の売買その他の取引またはデリバティブ取引等について、不正の手段・計画・技巧をすること、②有価証券の売買その他の取引またはデリバティブ取引等について、虚偽または誤解を生じる表示を使用して金銭その他の財産を取得すること、③有価証券の売買その他の取引またはデリバティブ取引等を誘引する目的をもって、虚偽の相場を利用することを、何人に対しても罰則をもって禁止しています。

この規定の基になったアメリカの連邦証券取引所法10条(b)項およびSEC規則10b－5は、新しい詐欺行為に対処するための包括的な詐欺禁止規定であり、インサイダー取引規制や適合性の原則（第7章4節）の根拠規定となっています。また、明文の規定があるディスクロージャー違反や相場操縦についても適用され、制度の不備を補う役割を果たしています。

日本の157条も、①のように**包括的な詐欺禁止規定**の性質を有していますが、ほとんど用いられていません。その理由は、本条には罰則が付されているところ、「不正の手段・計画・技巧」という構成要件が刑罰規定としての明確性に欠けるということのようです。

しかし、現在インサイダー取引規制が及んでいない金融商品について行われるインサイダー取引類似の行為や、相場操縦の要件を厳密には満たさないものの複雑な取引を全体として観察すれば相場操縦と同様の悪性がある行為について、本条を適用することは可能であるように思われます。たとえば、かつて行われていた、会社経営者が持株を売り抜けるために大幅な**株式分割**を行い株価の乱高下を招く行為は、相場操縦と同等かそれ以上に市場に悪影響を与える行為なので、本条の不正の手段に当たるとして取り締まるべきでした。

### (2) 風説の流布・偽計取引

158条は、何人も、①有価証券の募集、売出し、その他の取引のため、または②有価証券の相場の変動を図る目的をもって、(a)風説を流布し、(b)偽計を用い、または(c)暴行・脅迫をしてはならないと定めています。この規定は、戦前の取引所法にあったもので、相場操縦の防止を目的としていました。その後、証券取引法制定時に、アメリカ法を参考にして、相場操縦の禁止規定（5節）および一般的な詐欺禁止規定（1）が導入されたため、本条の適用範囲はそのどちらとも重なり合うものになっています。

**風説の流布**とは、虚偽または不確かな情報を流すことです。平成18年の**ライブドア**事件では、取引所の自主ルールに基づくタイムリー・ディスクロージャーおよび四半期報告で虚偽の事実を公表したことが「風説の流布」に当たるとして訴追されています。法定開示書類の虚偽記載であれば、それだけで処罰の対象になりますが、取引所の自主ルール違反には罰則がありませんので、刑事責任を問うために「風説の流布」を用いたのです。有罪とするには、有価証券の取引を成功させるためか、相場の変動を図る目的で風説を流布したことが必要です。ライブドア事件の裁判（東京高裁平成20年7月25日判決）では被告人に双方の目的があったと認定されています。

**偽計取引**とは何かについて判例・学説は詳しく論じていませんが、事実を隠して取引を進めることをいうと解してよいでしょう。平成18年のライブドア事件では、利益を得るために株式交換比率を恣意的に決めたのにその事実を隠して取引を進めたことが偽計取引に当たるとして訴追されました。株式交換などの会社の組織再編行為に不正があった場合、通常は、組織再編行為の差止めや無効の訴えといった私法上の手段で争わせるのですが、偽計取引の禁止規定を用いれば刑事責任を問うことができます。

また、証券取引等監視委員会は、経営の傾いた会社に第三者割当増資を行わせ、増資直後に資金を会社から引き上げるといった**不公正ファイナンス**の事例について、市場を欺き投資家から資金を騙し取る偽計取引に当たるとして、158条違反による告発を行っています（東京地裁平成22年2月18日判決など）。このように、日本では157条ではなく158条が包括的な詐欺禁止規定として活用されつつあります。

なお、風説の流布または偽計取引によって相場に影響を与えた者には課徴金の制裁も課されます。

### (3) 暗号資産の不公正取引

**暗号資産**の売買や証拠金取引が盛んになるにつれて、未公開情報を用いた取引や暗号資産の価格を吊り上げて売り抜ける行為が見られるようになりました。そこで、令和元年の改正により、暗号資産の売買やそのデリバティブ取引について、相場操縦、風説の流布・偽計等、および不公正取引を禁止する規定を設けることにしました（185条の22～185条の24）。ここでは有価証券に当たらない暗号資産の取引についても規定が適用されること、インサイダー取引規制の適用が見送られたことに注意が必要です。また、違反に対する制裁としては罰則のみが用意され、課徴金の対象とされていません。

# 第7章

# 有価証券の売買・デリバティブ取引の勧誘

## 1 規制の構造

金融商品取引業者は、顧客との間で有価証券およびデリバティブに関するさまざまな取引を行います。顧客に対する業者の行為には、①相場操縦に当たる取引の受託のように、市場における有価証券・デリバティブの公正な価格形成に直接影響を与えるものと、②不当な勧誘のように、市場に対する影響は間接的であるが、顧客の投資判断を歪め、顧客に損害を及ぼすような行為とが含まれます。そこで法は、公正な価格形成という市場の機能を維持し、また業者との関係で投資家を保護し、金融商品取引に対する信頼を確保するために、業者またはその役職員による一定の行為を禁止しています。

行為規制の態様としては、①罰則をもって禁止されるもの（損失補塡の禁止等）と、②行政処分の対象となるもの（断定的判断の提供等）とがあり、いずれの場合も、違反行為の結果として顧客が損害を被れば、業者の役職員による不法行為（民法709条）に基づいて業者が使用者としての損害賠償責任（民法715条）を負担する可能性があります。

また、金融商品取引業協会は法令よりも厳しい自主ルールを金融商品取引業者の役職員に課しており、自主ルールの違反に対しては、外務員の登録取消、職務停止処分、業者へ過怠金の賦課、業者の除名処分などが科されます。

第8章で述べるように、金融商品取引業にはさまざまな業務が含まれ、業者によって営む業務は千差万別です。そこで法は、金融商品取引業者および一定の金融商品取引業を行うことを認められた登録金融機関が一律に従うべきルールを掲げたうえで（36～40条の3）、投資助言業務・投資運用業・有価証券等管理業務に適用される特則を定めています（41～43条の4）。

金融商品取引業者等の大部分は有価証券およびデリバティブ取引の勧誘を行うと考えられますので、本章では勧誘に関するルールのうち代表的なものを取り上げて説明し、投資助言業務等に係る特則については、第8章で扱うことにします。

## 2　外務員制度

証券会社では、従来より、営業所以外の場所で注文の受託などの営業行為を行うために従業員（外務員）を用いてきており、これに対応して外務員に対する法的規制が整えられてきました。証券会社が外務員を用いて営業の機会を拡大している以上、その責任も負うべきであるという考え方に基づくものです。金融商品取引法では、この外務員制度を金融商品取引業者および登録金融機関（併せて、金融商品取引業者等という）一般に採用しています。

外務員とは、金融商品取引業者等のために、①有価証券に関する各種取引行為（有価証券関連のデリバティブ取引を含み、2条2項各号のみなし有価証券に関する行為を除く）やその勧誘、②店頭デリバティブ取引またはその媒介・取次ぎ・代理、これらの勧誘、③有価証券関連以外の市場デリバティブ取引・外国市場デリバティブ取引またはその媒介・取次ぎ・代理、これらの勧誘を行う者をいい、金融商品取引業者等は、外務員について外務員登録原簿に登録を受けなければなりません（64条1項、令17条の14）。したがって、社外で注文の勧誘や注文の受託を行う者だけでなく、金融商品取引業者等の計算で自己売買業務（ディーリング業務）を行う内勤の職員も外務員に該当することに注意を要します。

外務員は、64条1項各号に掲げる行為に関して、所属金融商品取引業者等を代理する権限があるものとみなされます（64条の3）。すなわち、金融商品取引業者等が外務員に代理権を与えていなかった場合であっても、外務員が顧客と契約を結べば顧客と業者との間で契約が締結されたことになり、外務員が顧客から金銭や有価証券を預かれば業者がこれらを預かったことになります。登録を受けていない外務員についても同じです。ただし、外務員にそのような権限がないことを顧客が知っていた場合には、外務員の行為が業者の行為とみなされることはありません（同条2項）。外務員が業者の代理人というよりは顧客の代理人として行動していた場合にも、64条の3は適用されないと解されています。

なお、金融商品取引業者等が64条の3の規定により顧客に対して責任を負わない場合であっても、業者の業務に関して外務員が顧客に与えた損害については、業者が民法715条に基づく使用者責任を負う可能性があります。

## 3 商品の説明義務

### (1) 信義則上の説明義務

有価証券やデリバティブ商品を販売することは目に見えない契約を売ることですから、業者は顧客に商品内容を説明しなければ実際上、販売は不可能でしょう。しかし、証券取引法には、商品内容の説明義務を定めた規定はありませんでした。証券取引法時代の判例は、顧客と証券会社との間で情報量に格差があることを理由に、証券会社の役職員に信義則上の説明義務が生じると判断しています。証券会社の役職員が説明義務に違反して勧誘をしたときは、顧客に対する不法行為が成立することになります。ただし、何をどこまで説明すれば説明義務を果たしたことになるかは、必ずしも明らかではありません。

説明義務の対象は、商品の概要（投資信託のように取引の仕組みが商品内容となっているときは取引の仕組み）とその商品・取引のリスクと捉える判例が多く、有価証券の価値を判断するのに重要な情報の提供や当該情報の説明を義務づける判例はほとんどありません。もっとも、無担保社債の勧誘に際して、依頼格付以外の格付の存在や流通利回りといった発行者の具体的信用リスクを示す情報を説明する義務を認めた判例もあります。

最近、デリバティブ取引やデリバティブを組み込んだ**仕組債**の取引について、適合性原則（4節参照）や説明義務違反が問題とされる紛争が増えています。デリバティブ取引の紛争例では、**金利スワップ**と通貨オプション（実質はオプションの売り取引）が多いようです。仕組債とは、特定の発行者が発行する債券への投資を行い、当初は高いクーポンが支払われますが、元本の償還については、参照指標（たとえば特定銘柄の株価）を定め、償還までに参照指標が一度でもノックイン価格（ワンタッチ水準とも呼ばれる）を下回らなかった場合には、元本全額が償還されるものの、参照指標が一度でもノックイン価格を下回った場合には、参照指標の変化率に応じて償還額が減額される（たとえば、特定銘柄の株価が50％低下すると仕組債の償還額が50％減額される）ものです。

最高裁平成25年3月7日判決は、固定金利と変動金利を交換するプレーン・バニラ型の金利スワップ取引について、固定金利の水準が妥当な範囲にあるか否かというような事柄は投資家の自己責任に属すべきものであり、金融機関に説明義務はないとしました。もっとも、この判決はプレーン・バニラ型の金利スワップ取引に適用が限定されるべきであり、仕組債については、リスクの定性的な説明や参照指標がどれくらい低下するとどれくらいの損失が発生するかというシミュレーション情報の提供では足りず、顧客が商品の価値（デリバティブの理論価格）を判断できるだけの情報（右の例ではノックインが発生する確率）の説明が必要であると思われます。

### (2) 金融サービス提供法上の説明義務

金融商品販売法（現在の金融サービス提供法）は、平成12年の制定当時から、金融商品の販売業者に特別の説明義務を課してきました。すなわち業者は、①相場の変動や発行者・販売業者の信用状況の変化によって、元本欠損が生じるおそれがあること、および②販売対象の権利に行使期間の制限があることや、販売契約に解除期間の制限があることを、金融商品を販売するときまでに顧客に説明しなければなりません（金融サービス提供法3条1項）。

①の元本欠損とは、当初支払った額よりも得たものの現在価値が低くなることをいい、したがって株式についても元本欠損がありえます。②の権利行使期間の制限とは、たとえばワラントの行使期間の制限のことであり、解除期間の制限とは、たとえば投資信託のクローズド期間のことです。また、金融商品販売法にいう金融商品には、有価証券やデリバティブ取引（ただし、商品先物は除く）のほか、預金契約や保険契約が含まれます。

平成18年の改正で、金融商品販売法上の説明対象に、③相場の変動や発行者・販売業者の信用状況の変化によって、当初元本を上回る損失が生じるおそれがあること、および④取引の仕組みのうちの重要部分が加えられました（同法3条1項）。③は、デリバティブ取引のように、当初出資した金銭を失うだけでなく追加出資を求められる可能性がある取引について、特別の説明を求めるものであり、④は、元本欠損や当初元本以上の損失がなぜ生じるかを理解するための説明を求めるものです。

そして、これらの説明は、顧客の知識、経験、財産の状況、および当該契約を締結する目的に照らして、当該顧客に理解されるために必要な方法および程度によるものでなければならないという規定が新設されました（同法3条2項）。顧客の適合性（4節参照）に配慮した説明が求められ、知識・経験等が乏しい顧客には、より丁寧な説明をしなければ説明義務を果たしたことにならないということです。

業者が金融サービス提供法上の説明義務に違反したときは、それによって顧客が被った損害を賠償する責任を負います（同法5条）。一般不法行為に基づく責任と比較すると、①業者の責任が無過失責任である、②元本欠損額が顧客の被った損害額と推定される点で、顧客側に有利になっています。なお、プロ投資家（第1章5節(2)参照）に対しては、金融サービス提供法上の説明義務および損害賠償責任の規定は適用されません（同法3条7項、同施行令8条）。

### (3) 金融商品取引法上の説明義務

金融サービス提供法上の説明義務は民事責任を生じさせるだけで、行政監督の直接の根拠にはなりません。そこで、説明義務に違反した業者に対して直接的に監督上の処分を発動できるように、金融商品取引法においても説明義務が規定されました。

もっとも、金融商品取引法は、これを説明義務という形式ではなく、金融商品取引契約締結前の書面交付義務という形式で定めています。すなわち、金融商品取引業者等は、金融商品取引契約を締結する前に、顧客に対して、①当該契約の概要、②手数料・報酬等、③相場の変動により損失が生ずるおそれがあること、④③の損失が顧客の預託すべき委託証拠金等の額を上回るおそれがあること等を記載した書面（契約締結前交付書面）を交付（電子的手段による提供も可）しなければなりません（37条の3）。

ここでの**金融商品取引契約**とは、業者が顧客を相手方とし、または顧客のために2条8項各号に掲げる行為（金融商品取引業を構成する行為）を行うことを内容とする契約（34条参照）をいいます。ただし、プロ投資家を相手方とする場合、および過去1年以内に書面を交付している場合には、書面交付義務は適用されません。

また、金融商品取引業者の禁止行為として、契約締結前交付書面の交付に際し、リスク情報等について顧客の知識、経験、財産の状況および契約締結の目的に照らして当該顧客に理解されるために必要な方法および程度によって説明をせずに契約を締結する行為があげられました（38条6号、金商業府令117条）。これによって、金融商品販売法上の説明義務と同内容の説明義務が、業者の行為規制として実現されたことになります。

書面交付義務に違反した場合には、行政処分の対象になるほか、違反行為者と法人が処罰の対象になります（205条、207条）。

## 4 適合性の原則

**適合性の原則**とは、顧客の知識、経験、財産の状況等に照らして不適当と認められる勧誘を行ってはならないことをいい、証券取引法43条に業者規制としての根拠規定（違反すると行政処分の対象となる）が置かれていました。説明義務とは別に適合性の原則を勧誘ルールとして定める意味は、投資対象に適合性を有しない顧客に対しては、そもそも勧誘を行ってはならない義務を業者に課すことにあります。

最高裁平成17年7月14日判決は、①顧客の知識、経験、財産の状況だけでなく、顧客の意向（投資目的）も適合性の判断基準となること、および②適合性の原則からの著しい逸脱が不法行為法上の損害賠償責任を生じさせることを明らかにしました。①を受けて、金融商品取引法では、「契約を締結する目的」を適合性の判断基準に加えました（40条1号）。したがって金融商品取引業者等の役職員は、いくら財産があっても、安全な運用を望む顧客にリスクの高い有価証券の売買やデリバティブ取引の勧誘をしてはならないことになります。

この規定は、金融商品仲介業者にも適用されるほか（66条の15）、銀行によるデリバティブ預金の販売（銀行法13条の4）、保険会社による変額保険の販売（保険業法300条の2）、不動産特定共同事業者による不動産特定共同事業契約の締結（不動産特定共同事業法21条の2）等について準用されており、商品先物取引についても規定が置かれています（商品先物取引法215条）。投資商品について横断的な規制を及ぼすためです。

適合性の原則はプロ投資家には適用されないことになりました（45条）。しかし、それはどのような勧誘をしてもプロ投資家相手ならば不法行為が成立しないことを意味するものではないでしょう。適合性の原則は顧客に対する**誠実義務**（36条）を具体化したものであり、金融商品取引業者の誠実義務はプロ投資家に対する関係でも免除されないからです。

## 5　不当勧誘の禁止

### (1) 虚偽事実の告知・断定的判断の提供

有価証券の価格が必ず上がると考える投資家は少ないでしょう。しかし、証券会社の外務員から、特定の銘柄の市場価格が必ず上がるとか、〇〇円までは上がるといわれると、投資家はその判断を信じてしまい、自己の意思に沿わない投資決定をして思わぬ損失を被る可能性があります。そこで法は、金融商品取引契約の締結またはその勧誘に関して、業者またはその役職員が、虚偽の事実を告げたり、断定的判断を提供することを禁止しています（38条1号・2号）。したがって、虚偽事実の告知・断定的判断の提供の禁止は、有価証券やデリバティブ商品の販売・勧誘だけでなく、投資顧問契約や投資一任契約の締結にも適用されます。

虚偽事実の告知・断定的判断の提供の禁止は、業者とプロ投資家の間にも適用されます。これらの行為により歪められたプロ投資家の投資判断が市場に到達すると、市場における価格形成の公正が害されると考えられたからです。

断定的判断の提供は、さらに2つの帰結をもたらします。第一に、断定的判断を提供された顧客（事業として契約を締結するのでない個人に限る）が、判断の内容が確実であると誤認して契約を締結した場合には、顧客は消費者契約法に基づいて、契約を取り消すことができます（消費者契約法4条2項）。ただし、取消しは、誤認に気づいた時から6カ月以内にしなければなりません。

第二に、虚偽の事実を告げ、または断定的判断を提供した業者は、金融サービス提供法に基づいて、それによって顧客が被った損害を賠償する責任を負います（金融サービス提供法4

条・5条、プロ投資家にも適用)。この場合にも、元本欠損額(3節(1)参照)は顧客の被った損害と推定され、業者の責任は無過失責任です。

## (2) 不招請勧誘・再勧誘の禁止

**不招請勧誘**とは、勧誘を要請しない者に対する電話、訪問などの方法による勧誘をいい、イギリスでは、価格変動の激しい商品について不招請勧誘が禁止されています。日本では、外国為替証拠金取引による消費者被害が社会問題化したことを契機として、平成17年に、外国為替証拠金取引に金融先物取引法の規制を及ぼすとともに、同法に不招請勧誘の禁止を定めました。

金融商品取引法は、金融先物取引法から不招請勧誘の禁止を引き継いでいます。すなわち、金融商品取引業者等またはその役職員は、金融商品取引契約の締結の勧誘を要請していない顧客に対し、訪問し、または電話をかけて勧誘する行為を禁止されます(38条4号)。ただし、禁止規定は政令で定める契約に限って適用されることとなっており、政令では取引所外で行われる金融先物取引に適用を限定しています(令16条の4)。

**再勧誘の禁止**とは、最初の勧誘がいかなる方法によるものであれ、顧客が契約の締結をいったん拒んだ後は、同じ契約の勧誘を継続することを禁止するものです。特定商取引に関する法律（特定商取引法）は、政令指定商品の電話勧誘販売について、再勧誘の禁止規定を置いていますが（特定商取引法17条）、政令指定商品には、いわゆる金融商品は含まれていません。

金融商品取引法では、勧誘を受けた金融商品取引契約を締結しない旨、または当該勧誘を引き続き受けることを希望しない旨を顧客が表明した場合には、当該勧誘を継続することを禁止しています（38条6号）。再勧誘禁止の前提として、勧誘に先立って勧誘を受ける意思の有無を顧客に確認する必要があります（同条5号）。再勧誘の禁止規定も政令で定める契約に限って適用され、政令では、金融先物取引を指定しています（令16条の4）。

不招請勧誘・再勧誘の禁止は、プロ投資家には適用されません。虚偽事実の告知や断定的判断の提供は、それ自体投資家の判断を歪める危険性をもつ行為であり、勧誘に際してあってはならないことですが、不招請勧誘・再勧誘は行為の性質自体が不当であるとはいえません。不招請勧誘・再勧誘を禁止する根拠は、プライバシーの保護や投資の自己決定権に求められることがあり、リスクがとくに高いこと、現実に被害が生じていることを理由に禁止の範囲を広げるべきだとの意見もあります。他方、不招請勧誘・再勧誘が禁止されると、それだけ投資家に商品内容を知らせる機会が減るため、投資家は自分に適した投資をするチャンスを逃すとも指摘されています。このように、どの範囲で不招請勧誘・再勧誘を禁止するかは、禁止の根拠、禁止の効果等をよく吟味して検討しなければならない難しい問題です。

### (3) クーリングオフ

契約締結後の一定期間（クーリングオフ期間）、顧客が無条件で契約を解除することができれば、不当な勧誘によって損失を被るのを防止することができます。多くの消費者契約では、法律上または契約上、無条件の契約解除権が認められています。証券取引の分野では、投資顧問契約の締結について10日間のクーリングオフ期間が設けられていました（投資顧問業法17条）。

ところが、有価証券の売買やデリバティブ取引では、取引対象の価格が常に変動しますので、クーリングオフを認めると、取引後に価格が下落したときに契約解除権を行使するなど顧客の投機行為を許すことになります。金融商品取引法は、政令で定める金融商品取引契約に限って顧客に無条件の契約解除権を認めることにしていますが（37条の6）、政令では投資顧問契約に適用を限定しています（令16条の3）。

### (4) その他の禁止行為

金融商品取引法38条9号は、金融商品取引業者等またはその役職員が禁止される行為を内閣府令に委任しており、内閣府令では20以上の禁止行為を列挙しています（金商業府令116・117条、123条）。主な禁止行為に、①特別利益の提供、②フロントランニング、③インサイダー取引の受託行為、④法人関係情報（インサイダー取引の重要事実とほぼ等しい）による勧誘、⑤大量推奨販売、⑥作為的相場形成取引があります。

①は、金融商品取引契約を締結するために顧客または第三者に特別の利益を約束したり、実際に提供したりする行為をいい、損失補塡約束と同様に、顧客が自らの意思に基づいて投資判断を行うのを妨げることから禁止されます。②は、金融商品取引業者が顧客の注文を知って、自己の注文をそれに優先させる行為であり、業者による誠実義務（36条）違反の典型です。③④は、インサイダー取引防止のために、とくに金融商品取引業者等またはその役職員の禁止行為とされているものです。⑤は、金融商品取引業者が営業政策として特定の銘柄の有価証券の取引を一斉に勧誘する行為をいい、誘引目的が欠けるために相場操縦に該当しない場合であっても、禁止の対象となります。⑥は、人為的な市場価格が形成されるのを助長する行為であり、業者が自ら人為的な操作を行うことも、人為的な操作となる取引を受託することも禁止されます。

右に述べた①および③〜⑥の行為は、法が罰則をもって禁止している損失補塡・インサイダー取引・相場操縦には該当しないとしても（該当する場合には双方の禁止規定が適用される）、投資家の投資判断を歪めたり市場取引の公正を害したりする点で、同等の弊害をもたらす行為であるといえます。そのため法は、金融商品取引業者が市場の仲介者として果たす役割を考慮して、とくに業者およびその役職員の禁止行為としたのです。

顧客の注文について、売買の別、銘柄、数量、価格のうち、いずれかを証券会社に委ねる**一任勘定取引**は、損失補塡の温床になることから、証券取引法の下では原則として禁止されていました。これに対して金融商品取引法では、一任勘定取引を禁止する条文を削除しています。これは次のような意味です。まず、投資運用業を行う金融商品取引業者は、顧客との間で投資一任契約（2条8項12号ロ）を締結して、一任勘定取引を適法にすることができます。次に、顧客との契約が投資一任契約に当たらない取引は、投資運用業を行わない金融商品取引業者であっても原則としてすることができるはずですが、内閣府令では、従来から認められてきた類型の取引について十分な社内管理体制をあらかじめ整備することを求めています（40条2号、金商業府令123条）。つまり、規定の文言上は一任勘定取引は原則禁止から原則自由に変わったように読めますが、その実質は変わっていないようです。

## 6　損失補塡の禁止

**損失補塡**とは、顧客が証券取引によって被った損失を証券会社が穴埋めすることをいいます。バブル崩壊後の平成3年に、大手証券会社を含む多くの証券会社が、大口顧客に対して多額の損失補塡をしていたことが発覚し、大きな社会問題になりました。損失補塡が証券取引の**自己責任の原則**に反すること、および一部の大口顧客だけが有利な扱いを受けていたことが一般投資家の証券業に対する信頼を破壊するものとして強く非難され、同年の証券取引法改正により、損失補塡は罰則をもって禁止されました。

金融商品取引法は、損失補塡の禁止をすべての金融商品取引業者に及ぼしています。金融商品取引業者等が具体的に禁止されるのは、有価証券の売買その他の取引またはデリバティブ取引に関する次の行為です（39条1項）。

①　**取引前の損失補塡・利益追加の申込み・約束**　有価証券の売買その他の取引またはデリバティブ取引によって顧客に損失が生じることとなり、またはあらかじめ定めた利益が生じないこととなった場合に、損失を補塡し、または利益分を上乗せするために、当該顧客または第三者に財産上の利益を提供する旨を、当該顧客またはその指定した者に対し、業者が申し込み、または約束し、あるいは第三者に申し込ませ、または約束させる行為のことです。申込みも禁止されますので、業者側から申込みをした場合は、たとえ約束が成立しなかった場合にも処罰されます。第三者から申し込ませる行為も禁止されますので、たとえば顧客が業者から購入した有価証券について決算期に評価損が生じそうになった場合に、第三者

から当該有価証券を買い取る旨を申し込む行為（いわゆる「**飛ばし**」）も、損失補塡の申込みに当たると解されています。

②　**取引後の損失補塡・利益追加の申込み・約束**　取引によって顧客に損失が生じ、または利益が生じなかった後に、①と同様の行為をすることです。

③　**損失補塡・利益追加の実行行為**　業者または第三者から、顧客またはその指定した者に対して、損失補塡・利益追加の目的で財産上の利益を提供する行為です。事前の約束がない、または立証できなくても、財産上の利益の提供がなされれば、それのみで法違反となります。ただし業者の違法な勧誘によって顧客が被った損害を業者が賠償する行為は、内閣総理大臣の確認を受けるか、損害賠償判決や和解手続を経ることによって、適法にすることができます。

金融商品取引業者側の罰則は、違反行為者が3年以下の懲役、300万円以下の罰金、またはその両方（198条の3）、法人が3億円以下の罰金です（207条）。

顧客が損失補塡を要求し約束が成立した場合や、顧客が要求した損失補塡が実行された場合（39条2項）には、顧客も1年以下の懲役、100万円以下の罰金、またはその両方（200条14号）に処せられ、顧客が得た財産上の利益は没収されます（200条の2）。

損失補塡の禁止は、金融商品取引業者等が行う投資助言業務、および投資運用業にも適用されます（41条の2第5号、42条の2第6号）。すなわち、投資助言に係る取引や財産運用として行う取引について、取引から生じた顧客の損失を補塡し、または利益に追加する行為が禁止されます。

損失補塡の約束は刑事罰をもって禁止されていることから、約束としての効力を有しません。もっとも、損失補塡の約束をもって投資勧誘が行われ、投資家が取引に誘い込まれて損失を被った場合には、投資家は不当勧誘を理由に証券会社の損害賠償責任を追及することができます。

損失補塡はプロ投資家に対する関係でも禁止されます。損失補塡が行われると、市場の公正が害されると考えられたからです。判例も、損失補塡を証券取引秩序において許容されない反社会性の強い行為であると捉えています（最高裁平成9年9月4日判決）。しかし、取引後の損失補塡がすでに行われた投資判断を歪めることはありえないですし、取引前の損失補塡の約束が成り立つのは実質的な投資判断が業者に委ねられている場合であり、その場合には、損失補塡のリスクを負った業者は真摯に投資判断を行うので、損失補塡によって市場の公正が害されることはないと考えられます。

## 7 無登録業者による未公開株等の売付け

金融商品取引業の登録を受けていない無登録業者が電話等により、「上場間近で必ず儲かる」などといった虚偽の言辞を用いて未公開株等を高額で販売する詐欺事件が起きています。無登録業者による未公開株等の売付けは、金商法の登録規制に違反する業者の行う行為であり、未公開株という情報の非対称性の強い有価証券に関する取引であるところから、平成23年改正はこのような売付けを公序良俗に違反する暴利行為とみて、これを原則として無効とする171条の2を新設しました。未公開株等とは、上場されていない株式・新株予約権・社債等をいいます。未公開株等の勧誘事例では、錯誤、詐欺による契約の取消し、不実告知・断定的判断の提供による契約の取消し（消費者契約法4条1項）が成立して顧客が保護を受ける場合もありますが、顧客が取消しの要件充足を立証するのが難しい場合もあるでしょう。また、勧誘を行った無登録業者については、金融サービス提供法上の説明義務違反（3節⑵）や不法行為に基づいて顧客が損害賠償を請求できる場合もありますが、顧客の側で説明義務違反と損害との因果関係を立証しなければなりません。これらに比べて171条の2によるときは、顧客は、無登録業者の勧誘により未公開株等を取得したことを立証するだけで、支払った代金の返還を請求することができます。本条には、被害を受けた投資家を迅速に救済する効果が期待されています。

無登録業者による未公開株等の売付けであっても、無登録業者の側で、①売付けが顧客の知識、経験、財産の状況および契約締結目的に照らして顧客の保護に欠けるものでないこと、または②売付けが不当な利得行為に当たらないことを立証した場合には、無効とされません。他人の窮迫軽率・無経験につけ込んで著しく過当な利益を獲得する行為のみが暴利行為に当たるとする判例を参考にしたものです。①は、勧誘が適合性の原則（4節）に違反していないことを意味し、②は、顧客が支払った代金と顧客の得た未公開株等の経済的価値が大きく乖離していない場合がこれに当たります。無登録業者が、上場予定のない株式を近く上場されると顧客に信じさせた場合には、顧客は上場予定のある株式を購入する目的を有しているので①は成り立たず、上場予定のある株式にふさわしい価格を支払っているので②も成り立たないでしょう。

# 第8章
# 金融商品取引業の規制

# 1 金融商品取引業

どのような行為を業とすれば金融商品取引業としての登録を受ける必要があるか、および第1種金融商品取引業、第2種金融商品取引業、投資運用業、投資助言・代理業の区分については、第1章5節で説明しました。本章の1節から4節では、各業の業務範囲について述べた後、第7章で述べた勧誘ルール以外に各業に共通して適用されるルール、および各業に特別に適用されるルールについて説明します。

## (1) 業務の範囲

金融商品取引業者には、銀行業や保険業と異なり専業制はとられていません。金融商品取引業者の行う営業は、基本的に投資の仲介であって、資金の安全な運用を希望する者から資金を受け入れる銀行や、いざというときに保険金支払いによる保護を確実に提供することが必要な保険会社とは役割が異なるうえ、他業からの参入を容易にし、業者間の競争により投資家の利便性を向上させることが重要と考えられたからです。

金融商品取引業者のうち、第1種金融商品取引業または投資運用業を行う者は、登録を受けた金融商品取引業のほか、35条1項に列挙された業務、および金融商品取引業に付随する業務を行うことができます（**付随業務**）。通貨の売買またはその媒介等に係る業務など、従来、届出業務とされていたものの一部が付随業務とされ規制緩和が図られています。

第1種金融商品取引業または投資運用業を行う者は、内閣総理大臣に届出をすれば35条2項に列挙された業務（**届出業務**）を行うことができ、さらに、内閣総理大臣の承認を受ければ、付随業務・届出業務以外の業務（**承認業務**）を行うこともできます（同条4項）。ここでも、従来承認が必要だった業務の一部が届出業務とされています。

これに対して、第2種金融商品取引業または投資助言・代理業のみを行う者が行う他業については、制限はありません。ただし、どの業者も登録を受けた金融商品取引業以外の業務を行う場合には、それぞれの業法が定める免許・登録等を受けることが必要です。

## (2) 広告の規制

金融商品取引法は、証券取引法、投資信託・投資法人法、投資顧問業法、金融先物取引法等にあった業ルールを統合したうえで、金融商品取引業者に共通して適用されるルールと業に応じて適用されるルールに整理しました。共通ルールとしては、標識の掲示義務（36条の2）、広告の規制（37条）などがあります。

このうち広告の規制では、金融商品取引業者等の商号、名称、登録番号のほか、業の内容に関する事項で、顧客の判断に影響を及ぼす重要事項として政令で定める事項を、広告に必ず表示しなければならないとした点が注目されます。これは、金融先物取引法の規制を参考にしたものです。

広告には、郵便、ファクシミリ、電子メール、ビラ・パンフレットのように多数の者に同様の内容で情報が提供される媒体が含まれます（金商業府令72条）。これらの広告により勧誘が行われる場合には、広告の規制と同時に勧誘の規制も適用されると解すべきでしょう。広告には業者の登録番号を表示しなければならないので、無登録業者による広告は事実上禁止されることが期待できます。

政令で定める事項として、広告には、①手数料、②市場リスクにより損失が生じるおそれ、③元本を上回る損失が生じるおそれ、④重要な事項について顧客の不利益となる事実、⑤加入している金融商品取引業協会の名称などを表示しなければなりません（令16条、金商業府令76条）。①の手数料には、手数料、報酬、費用その他いかなる名称によるかを問わず、契約に関して顧客が支払うべき対価が含まれます。②③のリスクに関する事項は、広告中の最大の文字と著しく異ならない大きさで表示することが求められています。

また、広告に際しては、契約解除・利益保証・損害賠償額の予定・手数料などについて誤解を生じさせるような表示をしたり、業者の信用や実績について誇大広告をすることが、とくに禁止されています（37条2項、金商業府令78条）。これらの広告規制は、投資性の高い他の金融商品にも準用されており、金融商品の広告規制のスタンダードを設定するものといえます。

### (3) 誠実義務

金融商品取引業者およびその役職員は、顧客に対して誠実かつ公正に、その業務を遂行しなければなりません（36条）。これは、金融商品取引業者に共通に適用される**誠実義務**です。この規定は**ＩＯＳＣＯ**（証券監督者国際機構）の定める行為原則を明文化したもので、**信任義務**（fiduciary duty）とも呼ばれています。

金融商品取引業者は顧客と契約関係に入るわけですが、誠実義務はまだ契約が締結されていない段階から生じています。また、業者と顧客との契約では必ずしも定められていない義務が誠実義務から派生すると考えられます。たとえば根拠のない投資勧誘をしてはならない義務や適合性の原則は、誠実義務から導かれると考えられます（第7章4節）。

業者が投資助言業務または投資運用業を行う場合には、誠実義務に加えて、顧客に対して**忠実義務**、**善管注意義務**を負う旨が定められています（41条、42条）。忠実義務は、業者がこれらの業務を受託するときに顧客より特別の信任を受けることから、顧客と利益相反の関係に立ってはならないという義務を明らかにするため、善管注意義務は契約関係に立たない者に対しても義務を負っていることを明らかにするために設けられていると考えられます。ただし、これらの規定と金融商品取引業者一般に適用される誠実義務との関係については、理論的な整理が必要でしょう。

ところで、現代の金融商品は、組成、勧誘、販売、運用といった多段階のインベストメント・チェーンから成り立っています。このため、たとえば投資信託を組成する運用業者が、販売段階で想定される顧客に適合した商品を開発しているとは限りませんし、投資信託を販売する銀行が、運用業者から得る販売手数料が高い商品や系列の運用業者が組成する商品を他の金融商品よりも熱心に勧誘するかも知れません。インベストメント・チェーンの各段階に位置する業者が、直接の契約関係にない最終的な顧客や受益者のために行動するよう法的に義務づけることは難しいことです。そこで金融庁は、2017年に「**顧客本位の業務運営**に関する原則」を公表し、広い範囲の金融事業者にその受入れを勧め、受け入れた金融事業者が自ら顧客本位の業務運営方針を策定し、その取組状況を公表するよう求めました。この原則は金融事業者のコーポレートガバナンス・コードともいえ、投資信託を販売する銀行であれば、運用業者から受け取る手数料を公表し、また、系列の運用業者の商品を優先しない販売体制を構築することが求められます。

## 2　主要株主および企業グループの規制

### (1)　主要株主規制

銀行や保険会社については、主要株主についてもその適格性を審査する主要株主規制が導入されています。金融商品取引法では、第１種金融商品取引業または投資運用業を営む金融商品取引業者について、その健全性を確保し業務の信頼性を高めるために、主要株主規制を及ぼしています。

**主要株主**とは会社の総株主等の議決権の20％以上（主要株主が会社の決定に重要な影響を与える事実があるときは15％以上）を保有する者をいいます（29条の４第２項）。まず、会社の主要株主が、過去５年間に金融商品取引業の登録を取り消された等一定の**登録拒否事由**に当たるときは、金融商品取引業の登録が拒否されます。

次に、業者の登録後に主要株主になった者は、内閣総理大臣に届出をしなければならず、その際、登録拒否事由に該当しないことを誓約する書面を添付しなければなりません（32条）。届出後に主要株主が登録拒否事由に該当することになった場合には、内閣総理大臣は、主要株主でなくなるための措置その他必要な措置をとるよう主要株主に命じることができます（32条の２）。典型的には株式の売却を命じることが考えられます。

## (2) 証券会社の連結監督規制

２００8年秋の世界的な金融危機では、証券会社や保険会社などの非銀行部門の金融機関が破綻したことが、他の金融機関の経営困難を引き起こしました。そこで、金融システム上重要な非銀行部門の金融機関を、個々の金融機関の財務上の健全性（ミクロ健全性）の観点だけでなく、金融システム全体への深刻な影響を排除するというマクロ健全性（**マクロ・プルーデンス**）の観点から監督する必要性が認識されました。日本では、従来から銀行持株会社については連結ベースで自己資本比率規制が用いられていましたので、平成22年の改正では、保険会社に連結財務規制を設けるとともに、従来、金融持株会社の規制がなかった証券会社（第1種金融商品取引業を行う金融商品取引業者）について、連結ベースの財務および監督上の規制を設けました。

内容の詳細は省きますが、一定規模以上の総資産を有する証券会社を頂点とする企業グループに対して連結自己資本比率規制が適用され、証券会社の子会社も行政監督の対象となります。また、内閣総理大臣が個別に指定を行った場合には、証券会社の親会社を頂点とする企業グループに対して連結自己資本比率規制が適用され、証券会社の親会社や兄弟会社も行政監督の対象となります。これらは、企業グループ内の親会社・子会社・兄弟会社からもたらされる財務または業務上の問題により、証券会社が突然の破綻に至り金融システムへ悪影響を及ぼすことを防止しようとする規制であり、顧客保護を目的とする金融商品取引業の規制とは性質が異なることに注意が必要です。

## 3 投資運用業

### (1) 投資信託と投資法人

投資家が、少ない資金で多くの銘柄の有価証券へ分散投資をするには、投資信託や投資法人を利用することが考えられます。**投資信託**とは、受益証券を発行して投資家から集めた資金を、委託会社が受託者（信託銀行）に預けたうえで運用指図を行い、その運用成果を受益証券の価値に反映させる仕組みです。投資家は、信託の受益権を表示する受益証券を取得して受益者の地位に立ち、投資信託契約に基づいて収益の分配を受けるほか、受益証券の償還を受けるか受益証券を他に譲渡することによって投資の成果を回収することができます。

**投資法人**とは、投資家から集めた資金を会社制度を利用して合同運用する仕組みで、会社型投資信託とも呼ばれています。そこでは、投資家は投資法人が発行する投資証券の所有者として株主類似の地位に立ち、投資の成果を配当、投資証券の償還・譲渡によって受け取ります。投資法人制度では、資産の運用および資産の保管を、それぞれ外部の専門業者に委託しなければならないことになっています。

投資信託は、主として有価証券に投資するものに、投資法人は主として不動産に投資するもの（**REIT**）に用いられています。

投資信託および投資法人に関する法律（投資信託・投資法人法）は、投資信託と投資法人の仕組みを定めるとともに、投資信託の委託会社、投資法人の運用会社等の行為について、投資家保護の観点から規制を加えてきました。投資信託の受益証券、投資法人の投資証券は証券取引法上の有価証券ですので、受益証券・投資証券の販売・勧誘の側面については、すでに証券取引法が適用されていました。平成18年の改正では、投資信託・投資法人法を集団投資スキームの仕組みを規定している部分と、業者規制の部分とに分け、後者を金融商品取引法に統合しました。

指数に連動するよう組成された上場投資信託を**ETF**といいます。ETFは、少額の資金で分散投資を実現することができ、上場されているため機動的に取引できるなどのメリットが投資家にあります。2010年以降、日銀は金融緩和政策の一環として、REITやETFの買入れを行っており、これらは投資対象として注目されています。平成25年には、投資法人制度が創設されてから約10年ぶりに、投資信託・投資法人法の大幅な見直しが行われています。

## (2) 投資運用業の規制

従来の投資法人の資産運用会社の業務、投資信託の委託会社の業務、投資顧問による投資一任契約に係る業務は、金融商品取引法上の投資運用業になります。ただし、複数の業務を営むことから生じる利益相反を防止するため、投資運用業以外の顧客の利益を図るために投資運用業の顧客の利益を犠牲にする行為や、投資運用業の顧客の利益を図るために投資運用業以外の顧客の利益を犠牲にする行為は禁止されています（44条、44条の2）。

投資運用業を行う者（投資運用業者）は、投資法人、投資信託の購入者、投資一任契約の相手方等から、特別に財産の運用を委託されているのですから、顧客に対して**忠実義務**および**善管注意義務**を負います（42条）。忠実義務の表れとして、投資運用業を行う際には、①運用財産相互間の取引で運用する行為、②運用資産を用いた取引により相場を変動させ、変動した相場で自己の有価証券を売買する行為（**スキャルピング**）、③運用資産の取引に関する情報を利用して、自己の計算で有価証券を売買する行為などが禁止されます（42条の2）。

また、投資運用業者には、①**自己執行義務**と②**分別管理義務**が課せられます。すなわち、投資運用業者は、一定の場合に限り運用権限の全部または一部を他の運用業者に委託することができますが、その場合には委託先の運用業者も顧客に対して忠実義務を負うものとされ、また、運用業者はすべての運用財産について運用権限を他に委託することはできません

分別して管理しなければなりません（42条の3）。さらに、投資運用業者は、運用財産と自己の固有財産および他の運用財産とを分別して管理しなければなりません（42条の4ほか）。

投資一任業務を営む業者は、顧客から金銭または有価証券の預託を受けることが禁止され、顧客に金銭または有価証券を貸し付けることも禁止されます（42条の5、42条の6）。これらの規制は、1984年ころの大規模な投資家被害を教訓として制定された投資顧問業法から引き継いだ規制ですが、顧客がプロ投資家である場合には適用されません。

2012年に発覚した**AIJ**事件では、年金基金と投資一任契約を締結して投資一任業務を行っている投資運用業者（AIJ）が、虚偽の運用成績を顧客に告げて既存の顧客を繋ぎ止めるとともに、虚偽の運用報告書を示して新規顧客から投資運用を受託して損失を拡大させたことが、年金受給者の利益を損なう大スキャンダルとなりました。AIJ事件を受けて、①信託銀行が運用成績を反映するファンドの基準価額やファンドの監査報告書を直接入手できるようにし、チェックを働かせる、②運用報告書の記載事項を充実させて年金基金が虚偽記載を発見しやすくする、③運用報告書の虚偽記載や偽計による契約締結に対する罰則を強化するなどの改正が平成25年に行われています。

## 4 投資助言・代理業

投資家が専門家の助言に従って証券投資をするには、投資顧問を利用することが考えられます。投資顧問とは、顧客との間で契約を締結して、有価証券等の価値に関し顧客に助言を行う者、およびそうした価値の分析に基づいて顧客の資産を有価証券等へ投資する者（投資一任業者）のことをいいます。投資顧問業法は、投資助言を行う投資顧問を登録制の下に、投資一任業を行う投資顧問を認可制の下に置いて規制してきました。

金融商品取引法は、投資顧問業法の内容を同法に取り込み、投資一任業を投資信託委託業などとともに投資運用業と整理し、投資一任業以外の投資顧問業（投資助言業）と、投資顧問・顧客間を仲介する業務とを合わせて投資助言・代理業と整理して、どちらも登録制の下に置いています。投資運用業と投資助言・代理業とは、登録要件や兼業の範囲に差があります。

投資助言・代理業のうち**投資助言業務**については、投資運用業と同様に、①顧客に対する**忠実義務・善管注意義務**（41条）、②**スキャルピング**などの禁止（41条の2）、③金銭・有価証券の預託の受入れの禁止（41条の4）、④金銭・有価証券の貸付けの禁止（41条の5）が、金融商品取引業の特則として定められています。ただし、③④は、プロ投資家が顧客である場合には適用されません。金融商品取引業の行為規制のうちクーリングオフ（第7章5節(3)）は、主として投助言業務に係る投資顧問契約を念頭に置いた規定ですが、これもプロ投資家には適用されません。

また、⑤投資助言業務に関して、顧客との間で有価証券の売買や売買の取次ぎを行うことが禁止されます（41条の3）。したがって、投資助言業務のみを行う金融商品取引業者は、自らの助言に基づく顧客の注文を取引所や他の金融商品取引業者に取り次ぐことはできませんが、有価証券の売買や売買の取次ぎについて第1種金融商品取引業の登録を受けている者であれば、これらの行為をすることは妨げられません。

なお、金融商品取引業者が投資助言業務と他の業務を営む場合には、投資助言業務以外の顧客の利益を図るために投資助言業務の顧客の利益を犠牲にする行為や、投資助言業務の顧客の利益を図るために投資助言業務以外の顧客の利益を犠牲にする行為は禁止されています（44条、44条の2）。

## 5　ファンドの規制

これまで規制の対象から外れていた各種のファンドに規制の網をかぶせることは、金融商品取引法制定の目的のひとつでした。ここにファンドとは、投資家からの出資を専門家が合同運用する仕組み（集団投資スキーム）のうち、投資信託や投資法人のように、一般投資家の参加を予定した厳格な規制が用意されているもの以外をいいます。

### (1) ディスクロージャー

まず、ファンドの持分（**集団投資スキーム持分**）は、民法上の組合、投資事業有限責任組合、有限責任事業組合といった法形式を問わず、また国内で組成されたか海外で組成されたかを問わず、有価証券とみなされます（2条2項5号・6号、第1章4節(2)）。したがって有価証券の取引に適用される規定、たとえば不公正取引を一般的に禁止する157条などは、すべて、ファンド持分の取引にも適用されます。

次に、ファンドのうち主として有価証券に対する投資を行うもの（**投資型ファンド**）については、ディスクロージャー制度が適用されます（3条、第2章1節）。ただし、ファンド持分は流動性の低い有価証券と位置づけられており、ディスクロージャーの要件について、流動性の高い有価証券と異なる基準が設けられています（第2章2節(3)）。

ファンドのうち、主として有価証券以外のものに対する投資を行うもの（**事業型ファンド**）には、ディスクロージャー制度は適用されません。したがって、事業型ファンドを募集するときは、多くの投資家に取得させる場合であっても、勧誘の相手方に目論見書を交付する必要はありません。

### (2) ファンド持分の販売・勧誘

有価証券の発行者が自ら有価証券の募集を行う場合（**自己募集**）には、証券業に当たらず証券会社の登録を受ける必要がないものとされてきました。しかし、ファンドを業者と捉えて規制を及ぼすことが投資家保護にとって有効であると考えられたことから、金融商品取引法は、ファンドの自己募集を**第2種金融商品取引業**と位置づけています（28条2項、2条8項7号へ）。したがって、ファンド持分などの**みなし有価証券**の発行（募集または私募）を業として行う場合には、金融商品取引業の登録を受けなければなりません（29条）。

また、ファンド持分の募集または私募等を行うときは、契約締結前に投資家に交付する書面を内閣総理大臣に届け出なければならないという規制も設けられました（37条の3第3項）。これは、流動性の低い有価証券については、事業型ファンドの持分のように、継続的なディスクロージャーが行われない場合があるため、販売時の説明がきちんと行われているかどうか行政がチェックするためです（第7章3節(3)参照）。もっとも、販売時の説明義務を強化するだけで継続開示の代わりになるとは思われません。

すでに発行されたファンド持分の売買や売買の媒介も、第2種業となりますので登録が必要です（28条2項）。

こうしてファンド持分の販売・勧誘は、原則として金融商品取引業者でなければできないという業規制が適用され、業者の行為規制を通じて投資家を保護する仕組みがとられています。ただし、①いずれも登録要件や兼業について第1種金融商品取引業よりも規制が緩やかな第2種金融商品取引業と位置づけられていること、および②プロ向けファンドに特例が設けられたこと（⑷参照）に注意を要します。

### ⑶ ファンドの運用

ファンドの資金を有価証券やデリバティブ取引への投資によって運用する場合には、ファンドの運営者について金融商品取引業者としての登録が必要になります（2条8項15号、29条）。そして、この場合は投資運用業に該当するため（28条4項）、登録および兼業について第1種金融商品取引業と同じ要件が適用されるほか、運用行為について、金融商品取引業としての行為規制に加えて**投資運用業**の特則が適用されることになります（3節）。

ただし、ファンドの運営者が運用権限の全部を金融商品取引業者に委託し、かつ一定の要件を満たす場合には、ファンドの運営者は金融商品取引業の定義から除外され、登録は不要です（令1条の8の3、定義府令16条）。一定の要件には、委託先の業者がファンドの運営者に関する一定の事項を金融庁長官に届け出ることや、ファンドの運営者が顧客資産の分別管理を行い、それを業者が監督することなどが含まれます。このような場合にファンドごとに業者登録を要求するのは過剰規制であると考えられたため、これに代えて委託先の金融商品取引業者に対する規制を通じて出資者の保護を図ろうとするものです。

### (4) プロ向けファンドの特例

(2)と(3)に述べたファンドの規制は、**プロ投資家**向けのファンドには適用されません。プロ向け商品の開発を阻害しないようにするためであり、プロ投資家とアマ投資家を区分して規制の柔構造化を図るという、金融商品取引法の特徴がここにも表れています。

具体的には、①適格機関投資家等を相手方として行うファンド持分に係る私募、および②適格機関投資家等のみが出資したファンドに係る運用業務は、金融商品取引業の定義から除外され、登録を受ける必要がありません（63条1項）。適格機関投資家等とは、プロ私募を判定する際と同じ定義の**適格機関投資家**（2条3項1号、第2章2節(2)参照）が1名以上おり、それ以外の者が49人以下である場合をいいます（令17条の12）。

金融商品取引業の登録を受ける必要がない代わり、これらの業務は**適格機関投資家等特例業務**として、事前に内閣総理大臣に届出をしなければなりません（63条2項）。これは、いざというときに行政上の監督を行えるようにするためです。

また、金融商品取引業者の禁止行為のうち虚偽事実の告知の禁止および損失補塡の禁止は、特例業務にも適用され、違反に対しては罰則が適用されます（63条4項）。これらによって、プロ向けファンドの業務についても最小限の網をかけようとしているのです。

このように簡易な規制枠組みでスタートした特例業務ですが、特例業務の届出業者が49人以下の一般投資家を主たる出資者とするファンドを組成し、投資家被害を引き起こしました。そこで、平成27年には、特例業務に参加できる適格機関投資家や一般投資家の資格を制限するなどの改正が行われました。ただし、ベンチャーキャピタル・ファンドについては、ベンチャー企業の成長資金を供給する重要な役割を担っていることから、ファンドに参加できる一般投資家の資格が広く設定されています。そして、特例業務の届出業者に金融商品取引業者と同等の行為規制（第7章3～6節、第8章5節(2)(3)）を適用し、届出業者がこれに違反したときは、内閣総理大臣が業務廃止命令を含む厳しい監督上の処分を下すことができるようにしました。現在、届出業者の数は2900を超え、これまでに業務廃止命令が下された業者の数は590を超えています。

### (5) ヘッジ・ファンド

**ヘッジ・ファンド**とは、少数の富裕層や機関投資家から資金を集め、複雑な投資戦略を用いて証券やデリバティブの裁定取引を行う私募ファンドのことをいいます。

2008年秋の世界的な金融危機では、ヘッジ・ファンドによる運用株式の大量売却が危機を増幅させたと指摘され、金融システムの安定性確保のために、一定規模以上のヘッジ・ファンドを登録制により規制するとの国際合意がなされました。そこで、国際合意に従ってプロ向けファンドの届出制を登録制に変更するかどうかが問題となりましたが、国内で届出のされているプロ向けファンドには、システミック・リスクを招く可能性のあるヘッジ・ファンド（金融システム上重要なヘッジ・ファンド）に該当するものがないことから、変更は行わないことになりました。また、海外拠点のファンドについても、その所在国の当局が、国際的に共通の基準で適切に規制を行う方向で国際的な議論が進んでいることから、日本の規制を及ぼす必要はないとされました。

アメリカでは、2010年7月に成立した**ドッド・フランク法**（Dodd = Frank Wall Street Reform and Consumer Protection Act）が、一定以上の規模を有する私募ファンドの登録を求め、システミック・リスクの評価に必要な情報をSECへ提供するよう義務づけています。また、アメリカでは、複数のヘッジ・ファンドが、上場会社の株式を並行して買集め、リーダーが大量保有報告書（第4章5節）を提出するときには、グループ全体でその会社の25％程度の株式を保有し、会社に経営陣の交代や資本政策の変更を迫るという**ウルフパック**（オオカミの群れ）戦略をとっており、これが株主の利益を増進するものなのかどうか、議論が分かれています。もっとも、日本では、リーダー格のヘッジ・ファンドが上場会社の株式を5％以上買い集めるという決定を他のヘッジ・ファンドに伝達した場合、他のヘッジ・ファンドが当該会社の株式を取得する行為はインサイダー取引に該当することになる（6章3節）ため、ウルフパック戦略は使えないと考えられます。

## 6　金融機関と金融商品取引業

### (1)　金融機関の有価証券関連業の禁止

証券取引法では、銀行、保険会社、信用協同組合、信用金庫などの金融機関が証券業務を営むことを禁止してきました。これは、①証券業務から生じるリスクが高いので、預金の受入れを主な業務とする金融機関が証券業務を営むと財務の健全性を害し、預金者の保護に反すること、②企業に貸出しを行うなど間接金融の担い手である金融機関が、有価証券の発行による直接金融をも担当すると、金融機関による産業支配が強まり経済の健全な発展が妨げられることを、主な理由とするものです。

平成4年の金融制度改革により、銀行業と証券業の間で子会社による相互参入が認められました。その後、金融機関の子会社による証券業務の範囲は徐々に拡大され、現在では金融機関の証券子会社はすべての証券業務を営むことができます。また、金融持株会社の傘下に金融機関と証券会社とを置いて、それぞれの業務を営むこともできます。

もっとも、金融機関本体による証券業務は、現在でも原則として禁止されています。金融機関が本体で証券業を営んでも、それぞれの分野において競争が成り立つのであれば金融機関による産業支配を強めることはありませんが、本体でリスクの高い業務を行うと預金者を害するおそれが高いからです。

金融商品取引法においても、金融機関による証券業務は原則として禁止されますが、同法の適用範囲が拡大されたことに伴い、禁止される業務は有価証券関連業と投資運用業に限定されています（33条1項）。これら以外の金融商品取引業務を行うことは、金融商品取引法上は禁止されませんが、銀行等がそれぞれの業務を許されるか否かは銀行法等の規定によることに注意が必要です。

禁止される業務のうち**有価証券関連業**とは、①有価証券の売買、売買の媒介・取次ぎ・代理、②金融商品市場における有価証券の売買の委託の媒介・取次ぎ・代理、③デリバティブ取引のうち有価証券または有価証券指標に係るもの（有価証券関連デリバティブ取引）、④

有価証券の売買または有価証券関連デリバティブ取引に係る清算取次ぎ、⑤有価証券の引受け・売出し、⑥有価証券の募集・売出しの取扱い（募集・売出しに際して行われる勧誘行為）、⑦有価証券の**私募の取扱い**（私募の仲介）をいいます（28条8項）。ただし、④は33条2項により本体業務として認められ、⑦についても、一定のものが本体業務として認められています。

## (2) 本体で営める有価証券関連業

(1)に述べた禁止の趣旨に反しない行為ないし業務は、金融機関が本体で営むことができます。これには、登録なしにできる行為と登録を要する行為とがあります。登録なしにできるのは、①投資目的で行うか、②信託契約に基づいて他人の計算で行う、有価証券の売買または有価証券関連デリバティブ取引です（33条1項但書）。

登録を要する行為には、①書面取次ぎ行為、②公共債に係る一定の有価証券関連業務、③資産流動化に係る一定の有価証券関連業務、④一定の有価証券の**私募の取扱い**、⑤投資信託の受益証券等の販売・勧誘業務、⑥有価証券関連デリバティブ取引以外のデリバティブ取引が含まれます（33条の2）。これらの行為が金融機関に認められる趣旨はそれぞれの行為によって異なります。たとえば、①は顧客の利便性のため、②は国債の大量発行以来の歴史的経緯によるもの、⑤は投資家層の拡大のため、⑥は金融先物取引法を統合したことによるといえます。

金融機関に登録を要求する意味は、登録を受けた金融機関（**登録金融機関**）が行う上記の行為について、金融商品取引業者に適用される行為規制を適用することにあります。金融商品取引業者と登録金融機関を合わせて、法は「金融商品取引業者等」と呼んでいます（34条参照）。

### (3) 弊害防止措置

今日のメガバンクには、銀行持株会社傘下の証券会社または銀行の証券子会社を通じて証券業務を営むものがあります。金融商品取引法は、そのような場合に、一定の行為を禁止する規定（**弊害防止措置**）を定めています。

たとえば銀行については、①銀行とその子会社である金融商品取引業者との間、持株会社傘下にある銀行と金融商品取引業者との間で、通常の取引の条件と異なる条件で取引をすること、②銀行が顧客に信用を供与し、金融商品取引業者が当該顧客から有価証券の売買注文等を受託すること、③銀行が貸付けを行っている企業に証券を発行させ、その手取金で銀行が債権を回収することなどが、禁止されます（44条の3、銀行法13条の2）。

弊害防止措置を設ける理由としては、①金融機関の財務の健全性の確保、②金融機関の顧客と金融商品取引業の顧客との間の利益相反の防止、③金融業における公正な競争の確保の3つが考えられますが、個々の弊害防止措置にはこれらの理由が混在しています。近時は、③の理由から設けられていた弊害防止措置が廃止される傾向にあります。

弊害防止措置については、平成20年改正で3点について見直しが図られました。第一に、金融商品取引法では金融商品取引業者とその親銀行・子銀行・兄弟銀行との間の役職員の兼職を禁止していました。しかし、そのような形式的・画一的な規制では利益相反による弊害に適切に対処できないとの反省から、役職員の兼職禁止を解くとともに、金融機関および金融グループに対して利益相反管理体制の整備を法律上義務づけることにしました（36条2項、銀行法13条の3の2、保険業法100条の2の2）。具体的には、①グループ内における利益相反を特定するための体制整備、②利益相反を管理するための体制整備、③利益相反管理方針の公表、および④利益相反管理にかかる記録の保存が求められます（金商業府令70条の3ほか）。

第二に、金融商品取引法では、書面による同意を条件として（オプトイン方式）、顧客に関する非公開情報をグループ内で伝達・利用することを認めていました。これに関し平成20年改正では、個人顧客については従来どおりですが、法人顧客については、情報提供の停止を求める機会を提供している限り書面同意なしに情報の伝達・利用を許容するオプトアウト方式を採用することにしました（金商業府令153条2項）。

第三に、従来から銀行法には、銀行の優越的地位の濫用の防止を図る規定が置かれていましたが、グループ内の銀行等の優越的地位を濫用して金融商品取引業者が契約の締結や勧誘をする行為が新たに禁止の対象とされました（金商業府令153条1項10号）。第二・第三の改正点は、公正な競争の確保を目的とするというよりも顧客保護を目的とするものといえるでしょう。

## 7 金融商品の仲介者

### (1) 金融商品仲介業者

金融商品取引業者の販売チャネルを拡充し幅広い投資家に市場参加を促す制度として、金融商品仲介業の制度があります。**金融商品仲介業**とは、第1種金融商品取引業を行う者（第1種業者）、投資運用業を行う者（投資運用業者）、または登録金融機関の委託を受けて、委託者のために、①有価証券の売買の媒介、②金融商品市場における有価証券の売買・市場デリバティブ取引の委託の媒介・取次ぎ・代理、③有価証券の募集・売出しの取扱い、私募の取扱い、または④投資顧問契約・投資一任契約の締結の媒介を行うことをいい（2条11項）、第1種業者の役職員・金融機関・金融機関の役職員以外の者は、内閣総理大臣の登録を受けて金融商品仲介業を行うことができます（66条）。

金融商品仲介業者は、第1種業者が、独立した商人である仲介業者を用いて有価証券の勧誘を行わせ、仲介業者を通じて顧客から有価証券の売買等の注文を受託することができるようにする制度です。

法人だけでなく個人も金融商品仲介業者になることができます。兼業も原則として自由です。なお、仲介業者の役職員が仲介業者のために有価証券の売買、その委託の勧誘等を行う場合には、仲介業者の登録とは別に、役職員につき外務員登録が必要です（66条の25）。

金融商品仲介業者は、顧客と金融商品取引業者の間の取引を媒介するのみであり、自らは売買契約等の当事者にはならず、金融商品取引業者の代理権もありません。そこで、仲介業者は顧客から金銭や有価証券を預かる必要がないので、トラブル防止のため、金銭や有価証券を預かること自体が禁止されています（66条の13）。

金融商品仲介業者は複数の業者から委託を受けることも禁じられていないので、仲介行為を行う前に、どの金融商品取引業者に所属するかを明らかにしなければなりません（66条の11）。そして、**所属金融商品取引業者**は、仲介業者が顧客に損害を被らせた場合、業務委託について相当の注意をし、かつ損害発生の防止に努めた場合を除いて、顧客の損害を賠償する責任を負います（66条の24）。所属金融商品取引業者は、仲介業者を使って利益を得ているところから、重い責任を負わされるのです。

以上に対し登録金融機関は、第1種金融商品取引業者から委託を受けて、先に述べた①〜③の仲介行為をすることができます（33条2項3号ハ）。これによって、金融機関はその顧客を系列の証券会社へ誘導することができるようになりました。この場合は金融商品仲介業者としての登録は不要ですが、本体で有価証券関連業務を行うことに伴う規制は適用されます。金融商品取引業者と比べると、登録金融機関が仲介業務を行うときには、金銭・有価証券を預かることができる、登録金融機関の行為について委託元は特別の責任を負わないといった大きな違いがあります。

### (2) 金融サービス仲介業者

ＩＴ企業の金融分野への参入が進んでいます。たとえば、スマートフォンのアプリを通じ、預金口座の残高や収支を簡単に確認できるサービスを提供するとともに、サービスを通じて得た利用者の資金ニーズや資産状況をもとに、利用可能な融資の紹介や個人のライフプランに適した金融サービスの比較・推奨を行うなどの新たなサービスが展開されると予想されます。その場合、業者は、融資の紹介には銀行代理業の許可を、保険商品の紹介には保険募集人または保険仲立人の登録を、金融商品の紹介には金融商品仲介業者の登録を受けなければならず、その負担が大きいと利用者にとっての利便性も欠けてしまいます。そこで、簡易な登録制の下に、銀行、保険、金融商品の分野にまたがって金融サービスの仲介を業として行うことのできる**金融サービス仲介業者**の制度が、令和2年の金融商品販売法の改正により創設され、同法の名称も「金融サービスの提供に関する法律」（金融サービス提供法）に変更されました。

金融サービス仲介業者に共通して適用される規定として、①誠実義務、②金融機関から受ける手数料の開示義務（顧客から求められた場合に限る）、③顧客への説明、顧客情報の取扱いについて適切な措置を講じる義務、④顧客から金銭等の預託を受けることの禁止などがあります（金融サービス提供法24条～28条）。金融商品を取り扱う場合には、これらに⑤法人関係情報を提供した勧誘の禁止、⑥損失補塡の禁止、③顧客の注文情報を利用した自己売買の禁止等が加わります（同法31条）。

# 8　信用格付業者

## (1)　格付の意義と問題点

企業の発行する社債券や資産金融型証券の価値を知るには、債券の発行総額、利率、償還期限、担保、特約条項などを勘案して、元利金の支払いの安全性を総合的に判断する必要があります。このように個別の債券について、元利金の支払いの安全性を第三者機関である**格付会社**が分析して、ＡＡＡなどの記号で表現し投資家に伝える制度が格付です。格付はアメリカで自然発生的に発達し、日本では、適債基準（証券会社による社債引受けの基準）や発行登録の要件に利用されてきました。

アメリカの**サブプライム・ローン**市場の崩壊をもたらした原因のひとつは、サブプライム・ローンの**証券化商品**に高い格付が付されていたために、投資家が証券化商品の評価を誤ったことでした。また、格付会社が高い格付を付していた背景として、①格付の多くが発行者の依頼により行われ、発行者から報酬が支払われるため、格付ビジネスに利益相反が内在しているのではないか、②格付モデルの内容や妥当性について適切な検証やディスクロージャーが行われていなかったのではないかといった指摘がされています。そこで、金融危機の再発防止策として、各国で格付会社の法的規制が導入されています。

### (2) 格付業者の規制

金融商品取引法は、「金融商品または法人の信用状態に関する評価の結果について記号または数字を用いて表示した等級」を**信用格付**と定義し（2条35項）、信用格付を付与し、かつ提供・閲覧に供する行為を業として行う法人（代表者のある団体を含む）は、内閣総理大臣の登録を受けることができるとしました（66条の27）。登録を業の参入要件としなかったのは、もしそうすると、言論の自由との関係で業者に厳しい規制を課すことができなくなるためです。信用格付を付与・提供する者が登録を受けるメリットは、金融商品取引業者が特段の説明なしにその格付を投資勧誘に用いることができる点だけです（38条3号）。ここにも、広く用いられている格付の付与業者のみを規制の対象とするという考え方が表れています。実際に信用格付業の登録を受けているのは、世界的に業務を行っている格付企業の日本法人5社と日本の格付会社2社です。

登録を受けた信用格付業者の規制は、①体制整備義務、②一定の行為の禁止、③情報開示義務に大別されます。①には、格付アナリストのローテーション制、アナリストの転職先である発行者の格付の検証、格付の第三者評価のための情報公表などがあります（66条の33）。②として、担当アナリストが格付対象金融商品を保有しているなど、密接な関係を有する場合に格付を提供することが禁止され、格付に重要な影響を及ぼす助言を発行者に行った場合にも格付を提供することが禁止されます（66条の35）。③として、格付業者は個々の格付の結果とともに、主任格付アナリストの氏名、採用した格付方法などの情報を公表しなければなりません（66条の36、金商業府令313条3項）。

このように法は、格付内容や格付の手法に直接介入することを避ける代わりに、利益相反を防止し、格付の検証可能性を高めるための詳細な規制を用意しているのです。このような規制手法は諸外国とだいたい同じです。

### (3) 格付業者の民事責任

資産金融型商品、とくに証券化商品は高い格付を得られなければ市場で流通しませんので、格付業者は悪い証券、悪い発行者が市場に参入するのを阻止できる**ゲートキーパー**（第2章5節参照）として機能します。そこで、格付の結果についてゲートキーパーに民事責任を負わせることができれば、投資対象として不適切な商品が市場に出回らないよう確保することができます。

高格付が付されていた商品がデフォルト（債務不履行）となっても、格付はひとつの意見に過ぎないので、格付業者は民事責任を負わないという考え方がこれまでは支配的でした。これに対しては、格付そのものは虚偽といえないとしても、格付の材料となった情報の真実性について格付業者に保証責任を負わせることは可能だという見方もあります。アメリカの**ドッド・フランク法**は、格付が民事訴訟の対象になることを前提として、投資家による責任追及をしやすくするための規定をいくつか新設しています。格付業者の民事責任については、今後、議論が深められることが期待されます。

## 9 投資者保護基金

**投資者保護基金**とは、証券会社の経営が破綻した際に顧客の資産を円滑に返還するために、平成10年の証券取引法改正によって創設された制度です。金融商品取引法は投資者保護基金制度を引き継いでいますが、これを理解するためには、まず、金融商品取引業者における顧客資産の管理業務について知っておく必要があるでしょう。

金融商品取引業者は、顧客から売付けのために有価証券を預かったり、買い付けた有価証券を顧客のために一時的に保有することなどがあります。株券その他の電子化された上場有価証券については、金融商品取引業者が取引のために現物の有価証券を預かることはありませんが、金銭を預かることはあります。また、デリバティブ取引を受託する場合には、顧客から委託証拠金や代用証券を預かることになります。このように業務の過程で顧客から預託された有価証券や金銭は、顧客保護のために確実に保管される必要があります。そこで法は、特定性のある有価証券については、内閣府令で定めるところにより金融商品取引業者の固有財産と分別して管理することを命じ、金銭および特定性のない有価証券については、一定の金銭を信託会社等に信託することによって分別管理することを命じています（43条の2、43条の3）。

このような**分別管理義務**は、従来、証券会社の義務として規定されていましたが、顧客の資産を預からない金融商品取引業者もいることから、金融商品取引法では、分別管理義務を第1種金融商品取引業に係る特則（**有価証券等管理業務**）と整理しています。

右に述べた分別管理義務が厳格に守られていれば、証券会社が破綻しても顧客の資産は守られます。したがって、投資者保護基金は、証券会社が破綻・廃業などにより証券業から退出する際に、顧客資産を迅速・円滑に返還することを主たる目的としており、銀行預金者保護のための預金保険制度、保険契約者保護のための保険契約者保護機構とは、大きく役割が違います。金融商品取引法では、金融商品取引業の範囲が広くとられていることから、投資者保護基金の適用対象を**有価証券関連業**に限定しています。

投資者保護基金は20以上の金融商品取引業者（有価証券関連業を行う者に限る）が会員となる法人であり、その設立には内閣総理大臣および財務大臣の認可を要します（79条の29、79条の30）。金融商品取引業者はいずれかの投資者保護基金に加入することが義務づけられますが（79条の27）、登録金融機関は、有価証券の預託を受ける機会が限定されていることから、基金への加入が認められていません。

投資者保護基金の業務は、顧客に対する支払いと金融商品取引業者に対する融資の2つに大別されます。

まず、基金は、金融商品取引業者に登録取消し等一定の事由が生じた場合、一般顧客の顧客資産に係る債権のうち当該業者による円滑な弁済が困難なものについて、当該業者に代わって支払いをします（79条の56）。**一般顧客**からは、自己を守る能力があると考えられる国、地方公共団体、適格機関投資家等が除かれています。**顧客資産**とは、有価証券関連業に係る取引により顧客が金融商品取引業者に預託した金銭・有価証券をいい、顧客資産の返還のために基金は一顧客につき1000万円まで支払いをします。証券会社が会社ぐるみで顧客を騙した場合のように、証券会社が、証券業に係る取引の実体がないのにあるように仮装して行った取引により顧客が預託した金銭も、顧客が仮装の事実を知っていたか、知らなかったことにつき重大な過失がある場合を除いて、保護の対象になるというのが判例（最高裁平成18年7月13日判決）です。1000万円を限度額としたのは、破綻した金融商品取引業者と取引を行っていたことについて、顧客にも一定の負担を求める趣旨です。

基金の第二の業務は、破綻した金融商品取引業者が顧客資産の迅速な返還を行えるよう、業者に対して融資をすることです（79条の59）。このような融資制度が設けられたのは、業者が顧客資産の分別管理をしっかりと行っていて、返還に支障を生じない場合であっても、資産の換金等に手間取り迅速に返還できない場合がありうるからです。

さらに、金融商品取引業者が会社更生手続、破産手続等の倒産手続に入った場合、基金は、一般顧客の顧客資産に係る債権の実現を保全するために必要な権限を与えられています（79条の60）。基金はこれらの権限を、一般顧客のために公平・誠実に、かつ善管な管理者の注意をもって行使しなければなりません。ただし、裁判手続については、一般顧客が希望すれば自ら当事者となることができます。

右のように、投資者保護基金制度は金融商品取引業者の破綻処理の仕組みとみることもできるのですが、これとは別に、市場のプレーヤーとして活動する金融機関の破綻処理を行う際に、デリバティブ取引の早期解約等により市場が混乱することのないように手当てを行う「金融機関の秩序ある処理の枠組み」が預金保険法に定められています。内閣総理大臣の監督の下で預金保険機構が金融機関の破たん処理に関与するこの制度は、金融危機の再発時にそのグローバルな伝播を防止するために、G20における国際合意に基づいて平成25年に設けられたものであり、金融商品取引業者（証券会社）にも適用されます。

# 第9章

# 金融商品取引法のエンフォースメント

## 1 行政処分と課徴金

### (1) 行政処分

金融商品取引法では、一定の行為を行うには登録、許可、認可などを要するとしたうえで、その者が法令等に違反した場合に、登録等の取消しといった不利益処分（行政処分）を課す行政規制が多くの場面で用いられています。

行政処分の対象となるのは、いわゆる業者に限りません。内閣総理大臣に提出すべき書類に不備がある場合には提出者（発行者、公開買付者等）に対し訂正命令が下されますし、有価証券の発行者は、有価証券届出書の効力停止処分を受けることがあります。

行政処分の権限を含め内閣総理大臣の権限の多くは、金融庁長官に委任されています（194条の7）。したがって、金融庁または証券取引等監視委員会による調査の結果を踏まえて、金融庁長官が行政処分を命じることになります。その際、行政手続法の規定に従うほか、金融商品取引法が審問や聴聞を行うべき旨を定めている場合には、それらにも従わなければなりません。下された行政処分に対しては、行政事件訴訟法に従って裁判で争うことができます。

金融商品取引法は、金融商品取引業者が処分の対象となる事由に「金融商品取引業に関し、不正又は著しく不当な行為をした場合において、その情状が特に重いとき」を加えています（52条1項9号）。これにより、業者の行為が法令に違反していなくても、業務の停止、登録の取消しなどの行政処分を下すことができるようになりました。業者が金融商品取引所や金融商品取引業協会の自主ルールに違反した場合を想定した規定です。

諸外国では、業者、発行者、投資家などが規制に違反した場合に、行政庁が行政手続により違反行為を差し止め、是正を命じる制度が設けられています。日本でもその導入が検討されてよいと思われます。

### (2) 課徴金制度

課徴金は、証券取引法のエンフォースメントの手段を多様化するために平成16年の改正により導入されたものです。課徴金が課される対象行為は、導入当時は、①発行開示書類の虚偽記載、②風説の流布・偽計取引、③変動操作型相場操縦、④インサイダー取引に限定されていましたが、平成17年改正でこれに⑤継続開示書類の虚偽記載が加わりました。平成20年の改正は、課徴金が違反行為抑止に一定の効果をあげているとの認識に基づいて、その適用範囲を、⑥発行開示書類・継続開示書類の不提出、⑦公開買付届出書・大量保有報告書の虚偽記載・不提出、⑧仮装取引・馴合い取引・安定操作に拡げました（第2章6節、第3章6節、

第4章3〜5節、第6章4〜6節)。また、平成19年の公認会計士法の改正により、公認会計士・監査法人が課徴金の対象に加えられています(第2章6節)。

課徴金の賦課手続は、課徴金が適用される規定の違反事実があると内閣総理大臣が認めて、審判手続開始の決定をすることにより始まります(178条)。これを受けて審判官3名からなる行政審判が公開で行われます(180条)。審判官は、審判手続を経た後、決定案を作成し、内閣総理大臣に提出します(185条の6)。内閣総理大臣は、決定案に基づき、違反事実があると認めるときは**課徴金納付命令**を発し(185条の7)、違反事実がないと認めるときはその旨を明らかにする決定を行います。違反事実があるのに課徴金納付命令を発しないことは許されません。

課徴金の額については、それぞれの箇所で述べたように、違反行為者の利得の額を基準として法令で定めるところにより決定され、裁量による減額は認められていませんでした。しかし、開示書類の虚偽記載や上場会社による自己株式に係るインサイダー取引(175条9)のように、会社の役職員の違反行為により会社が課徴金の納付を命ぜられる行為類型については、会社が法令遵守体制(**コンプライアンス**)を整えて課徴金を回避することに利益を有しています。そこで平成20年の改正では、一定の行為類型について違反者が当局による調査前に報告を行った場合には、課徴金の額を半額とすることにし(減算制度、185条の7第12項)、会社にコンプライアンスを整えるインセンティブを与えました。

平成20年改正は課徴金の加算制度も導入しました。すなわち、課徴金の対象となる違反行為をした者が過去5年以内に課徴金納付命令を受けたことがある場合には、課徴金の額が5割加算され1・5倍となります（185条の7第13項）。課徴金を加算するのは、違反者が、以前に課徴金納付命令を受けたにもかかわらず再度違反行為を行ったのは、1回目に課した課徴金の水準では当該違反者の行為を抑止するのに不十分であったと考えられるからです。

課徴金制度は、処分に客観性をもたせるため、形式的に組み立てられており、処分の内容も硬直的でしたが、平成20年改正によりかなり柔軟な制度になりました。しかし、違反行為の重大性（粉飾額の大きさなど）に応じた制裁を課す仕組みになっていない点で課題が残っています。また、アメリカのSEC（証券取引委員会）では、民事制裁金（課徴金に相当）を被害者救済の基金に組み込むことができるのに対し、日本では課徴金を被害者救済に用いる手続が定められていないという問題もあります。

### (3) 氏名公表制度

会社の役職員が会社の計算でインサイダー取引を行った場合や会社の開示書類に虚偽記載を行った場合、刑事罰は違反者自身に科せられますが、課徴金は会社に課せられ、違反者自身は課徴金を課せられません。つまり、刑事罰を科すほど行為の悪性が強くないと判断された場合には、違反者の氏名は明らかにならないのです。そこで、違反者の取引相手となる者に注意を喚起するために、内閣総理大臣が違反者の氏名を公表することができるという制度が平成26年改正で導入されました（192条の2）。この氏名公表制度は、課徴金の付された法令の違反者だけでなく、金融商品取引法とその下位法令に違反した者すべてに適用されるよう設計されています。

氏名の公表はあくまでも注意喚起のためであり、制裁ではないため、これを行政処分の取消訴訟で争うことはできないと考えられます。しかし、現行法上、会社に対する課徴金納付命令を違反の嫌疑を受けた個人が争うことはできず、また、氏名の公表が対象者に事実上の不利益を及ぼすことを考慮すると、違反の嫌疑を受けた個人が課徴金や氏名公表を争うことができるようにすべきではないでしょうか。

## 2　緊急差止命令と破産申立権

公正な金融商品取引を確保するための特別の手段として、内閣総理大臣には、裁判所に対し違反行為の差止命令を発するよう申立てをする権限が与えられています（192条）。この緊急差止命令は、アメリカ法に倣って定められた制度であり、法令だけでなく命令違反の行為を差止めの対象に含み、将来の行為の差止めをも認めている点で、違反行為の抑止手段として効果的ですが、最近に至るまで使われていませんでした。

平成20年の改正では、緊急差止命令の申立権者に証券取引等監視委員会を加えました。違反行為の現場に近い監視委員会であれば、迅速に申立てを行うことが期待できるからです。さらに平成22年の改正が差止命令の違反に両罰規定を設けたこと（207条3号）から、監視委員会は未公開株の勧誘事例に差止命令を活用しています（東京地裁平成22年11月26日判決ほか）。

また、同年の改正により、裁判所に対して金融商品取引業者の破産を申し立てる権利が金融庁に与えられました。業者が法令違反行為を行い、かつ破産状態にあるときは、破産手続を開始してその財産を管財人の管理下に置くことが、被害拡大のために有効だと考えられたからです。

## 3　証券取引等監視委員会

1991（平成3）年に発覚した損失補塡などの証券不祥事の再発を防止するために、平成4年の証券取引法改正により、市場の監視を行う機関として**証券取引等監視委員会**が設置されました。証券取引等監視委員会は、両議院の同意を得て内閣総理大臣が任命する3名の委員からなる合議制の機関であり、その下に置かれる事務局とともに、内閣総理大臣や金融庁長官から独立して職務を行います。

監視委員会の主な職務は、①有価証券の売買・デリバティブ取引等の公正を確保するための規定の違反状況を調査し(**犯則事件**の調査)、②違反があると認められるときに検察官に告発を行うことです。犯則事件の調査のため必要があるときは、監視委員会の職員は違反が疑われる者(犯則嫌疑者)に対し任意調査を行うほか(210条)、裁判官の許可状を得て、臨検・捜索・差押えといった強制調査をすることができます(211条)。

調査の結果、課徴金などの行政処分を金融庁長官に勧告したり、行政上の施策を提案すること(建議)もできますが、自ら行政処分を下す権限はありません。このように業者に対する監督行政の権限は依然として金融庁にあります。もっとも、市場の取引状況を監視するために監視委員会が業者に対して検査を行うこともあることから、検査の効率化を図るため、金融庁長官は、業者の財務の健全性に関する検査権限を監視委員会に委任することができます(194条の7第3項)。

監視委員会の権限や陣容はアメリカの**SEC**のそれらと比較されることがよくあります。両者の権限の違いは、①SECにある規則制定権が監視委員会にないこと、②SECにある行政処分権限が監視委員会にないことに求められます。この結果、SECは何が法令違反の行為かにつき自らルールを定めて、それを行政処分または裁判手続を通じてエンフォースできるのに対し、監視委員会は、自らルールを定めることも、行政処分を下すこともできないのです。監視委員会にこれらの権限を与えるためには、同委員会を公正取引委員会と同じ位置づけ（3条委員会）にする必要がありそうですが、アメリカSECの権限は強大すぎる、権限の拡大が組織の目的になってしまっているといった批判もあることに注意を要するでしょう。

もっとも、最近の監視委員会は、上場会社の不公正ファイナンスを偽計取引と捉えて告発を行うなど（第6章6節(2)参照）、自らルールを定めるのに等しい働きをしています。市場における不正行為は市場に近い者が最もよく理解できるので、このような傾向は歓迎すべきであると思います。

## 4　金融商品取引業協会

一定の公益目的を達成するための自主ルールを策定し、自ら執行する私的団体を**自主規制機関**といいます（第5章5節）。証券取引分野の自主規制団体は、歴史的には、業者の集まりから自然発生したものですが、今日の自主規制機関は、法律の根拠に基づいて設立され、行政の監督を受けつつ自主ルールの策定と執行を行うという法律上の制度です（自主規制のメリットについては、第5章5節を参照）。金融商品取引法は、2種類の**金融商品取引業協会**についての規定を用意しています。

このうち**認可金融商品取引業協会**（認可協会）は、金融商品取引法上の認可法人の形態をとり、法が認可の手続、協会の規則に対する行政によるコントロール、協会の運営・管理に関する規定を用意しているなど（67〜77条の7）、高い自主規制機能を発揮できると期待されます。なお、認可協会は**店頭売買有価証券市場**を開設することもできます（67条2項）。認可協会には金融商品取引業者と登録金融機関が加入でき、金融商品仲介業者は所属金融商品取引業者を通じて認可協会の規則の適用を受けます。認可協会としては、第1種金融商品取引業を行う業者と登録金融機関を会員とする日本証券業協会があります。

もう一種類は、一般社団法人のうち内閣総理大臣が自主規制機関と認定した**認定金融商品取引業協会**（認定協会）です。認定協会について、金融商品取引法は、その業務規程を認可の対象とするなど監督規制を定めています（78〜79条の6）。認定協会としては、投資信託協会、日本投資顧問業協会、金融先物取引業協会、第2種金融商品取引業協会があります。

金融商品取引法の立法過程では、自主規制機関への加入を金融商品取引業者に義務づけることも議論されましたが、結局、義務づけはしませんでした。その代わり、協会に加入しない業者については、協会の規則を考慮した社内規則を作成することが登録の要件とされ（29条の4第1項4号ニ）、これを遵守するための業務管理体制を整えるよう求められます（35条の

3)。

①新規上場会社の増加に伴い、上場して間もない企業の一部に財務内容や経営状況に問題がある事例や、②個人投資家によるインターネット取引の増加に伴い、市場における不公正取引に該当するような注文を証券会社が受託してしまう事例が発生しています。また、③平成17年12月には新規上場株の大量**誤発注**により市場に混乱が生ずるとともに、一部の証券会社が誤発注に乗じて自己勘定で取引を行う事例があったといわれています。これらは、厳密には法令違反行為とはいえないものですが、市場に対する投資家の信頼を確保するためには、その発生を防止すべきです。

これらの点については、日本証券業協会において、①新規上場会社の引受審査体制を強化する、②顧客の取引に対する売買審査を強化する、③誤発注防止体制を整え、自己勘定の取引についてチェックを厳しくするなどのルール作りが行われました。このように自主規制機関の自主ルールは法令よりも高いレベルの商業道徳に則った基準を設けることができるので、金融商品取引法の下において、金融商品取引業協会の役割はますます重要になると思われます。

## 5　紛争解決機関

### (1)　金融ＡＤＲ

金融商品・サービスに関する苦情や紛争が増加傾向にあるなか、紛争を簡易・迅速に解決する手段として、裁判外紛争解決制度（**ＡＤＲ** Alternative Dispute Resolution）が注目されています。金融商品取引分野における苦情の処理や紛争の解決は、これまで金融商品取引業協会や認定投資者保護団体の下で行われてきましたが、平成21年に、銀行法、保険業法、金融商品取引法など16の法律が改正され、金融分野における裁判外紛争解決制度（金融ＡＤＲ）が整えられました。

金融ＡＤＲのあり方として、ひとつの金融ＡＤＲ機関が金融のすべての分野で生じた苦情・紛争を取り扱うことも考えられますが、業態によって紛争解決のコストをいかに分担するかなどの問題があったため、業態ごとに金融ＡＤＲ機関を設置できるようにしました。また、金融ＡＤＲ機関の設置を法律によって強制することも考えられますが、業界団体への加入率が低い業態もあることを考慮して、設置は強制せず、業界団体・自主規制機関等の申請を受けて内閣総理大臣が金融ＡＤＲ機関を指定する制度がとられました。

## (2) 紛争解決機関における紛争解決手続

内閣総理大臣は、紛争解決業務の実施能力を有する法人（代表者の定めのある団体を含む）を、その申請に基づき紛争解決機関と指定します（156条の39）。指定がなされると、その対象業務を行う金融商品取引業者は、**指定紛争解決機関**との間で手続実施基本契約を締結しなければなりません（37条の7第1項1号イほか）。金融商品取引の分野では、証券・金融商品あっせん相談センター（ＦＩＮＭＡＣ）が紛争解決機関の指定を受けています。

手続実施基本契約が締結されると、金融商品取引業者またはその顧客は、指定紛争解決機関に対して紛争解決手続の申立てをすることができるようになります（156条の50第1項）。申立てがなされると、紛争解決機関は当事者と利害関係のない紛争解決委員を選任し、紛争解決委員は、非公開の手続で、当事者や参考人から意見を聴取して和解案を作成し、当事者に受諾を勧告します。紛争解決手続では、金融商品取引業者と顧客との間に情報の格差や交渉力の格差があることを考慮して、業者に手続応諾義務、調査協力義務、および特別調停案の尊重義務を課しています（156条の44第2項）。

顧客からの苦情は紛争の前段階の状態ともいえますので、顧客から苦情の解決の申立てがあったときは、紛争解決機関が相談に応じ、業者に苦情の内容を通知してその迅速な処理を求めることとされています（156条の49）。

## 6 私人による法のエンフォースメント

本書の各箇所で説明したように、投資家は、発行会社による不実の情報開示、市場における不公正な取引、金融商品取引業者による違法行為などの結果として損害を被ったときには、金融商品取引法、金融サービス提供法、または民法等の一般法に基づいて、違法行為者などに損害の賠償を請求することができます（第2章5節、第3章5節、第6章4節・5節、第7章1節・3節）。有価証券の売買やデリバティブ取引は**自己責任の原則**に従って行われるべきものですが、不実の情報提供や不当な投資勧誘その他の違法行為によって投資家の投資判断が歪められたり、市場で形成される価格が歪められた結果として投資家が損害を被った場合には、自己責任の原則は通用しません。

違反行為者に対する投資家の責任追及は、責任が追及されている者以外の市場関係者が将来、法違反をしないよう抑止するという機能をも有しています。このように私人による責任追及行為を通じて、関係者（被告となりうる者）に法令を遵守して行動するよう仕向けることを、私人による法のエンフォースメントといいます。

違反行為の抑止には、刑事責任の追及のほうが有効だとする見方もあります。しかし、刑事罰が用意されていない規定もありますし、証券取引等監視委員会や検察庁の調査資源は限られていますので、投資家が自己の利益に従って損害が発生していないか目を光らせていることは、違反行為の抑止に効果的です。また、刑事責任と異なり民事責任は過失があれば発生するので、関係者は違反が生じないように注意を払うことになりますし、無過失責任が課せられている場合（18条、金融サービス提供法5条）には、より多くの注意を払うことになるでしょう。

日本では、証券会社の役職員による不当勧誘を理由に証券会社に対し損害賠償請求訴訟を提起する例は比較的多いのですが、相場操縦行為者に対する訴訟とか粉飾決算を行った発行者の関係者に対する訴訟はほとんどありません。前者では損害が多額に上ることがあるのに対し、後者では個々の投資家が被る損害が少額であることが多いので、費用を払ってまで訴訟を提起するインセンティブに欠けるからでしょう。もっとも、近時は粉飾決算を行った発行者に対する訴訟が増えています。

同一の違法行為によって多数の者が性質の同じ損害を被るときに、その請求を糾合する制度として、アメリカには**クラスアクション**（集団訴訟）があります。クラスアクションでは、たとえば○月○日から○月○日までの間に取引所市場でA銘柄を購入した者（クラスメンバー）を代表して、特定の投資家が訴訟を提起することができ、訴訟が提起されると、裁判所が適当と認める者を訴訟追行者に指名しクラスアクションを認可します。すると、潜在的なクラスメンバーに対して告知がなされ、明示的に訴訟から離脱する意思を表明した者以外はすべてクラスに含められます。この結果、訴訟追行者は莫大な額の損害賠償を請求することが可能になるのですが、多くのクラスアクションは裁判上の和解で終了しています。

アメリカでは、クラスアクションは濫用的な訴訟提起を招き、企業等による積極的な情報開示をリスクの高いものにするとの批判があり、1995年にクラスアクションを難しくする改革が行われました。しかし、その後は、クラスアクションの弱体化が**エンロン事件**などの2001年ころの会計不正事件の遠因になったと批判されています。

少額多数の被害が生じる消費者事件について、適格消費者団体にクラスアクションの提起を認める制度が平成28年10月1日より施行されています（消費者の財産的被害の集団的な回復のための民事の裁判手続の特例に関する法律）。しかし、この制度は粉飾決算や相場操縦には適用されません。粉飾決算や相場操縦も少額多数の被害を生じる点に変わりがないので、証券訴訟についてもクラスアクション類似の制度を構築できないか、検討すべきです。

第10章

# 金融商品取引法の課題

# 1 資本市場のグローバル化

国境を越える資金の移動はますます容易になっています。このことは、企業にとっては世界中の投資家から資金を調達できることを、投資家にとっては世界中の投資対象に投資できることを意味します。このような資本市場のグローバル化への対応を見てみましょう。

まず、企業の資金調達の側面を見ると、外国企業が日本の投資家から公募によって資金を調達したり、日本の取引所に有価証券を上場する場合には、日本法の基準によるディスクロージャーを日本語で行うのが原則です。日本法は日本国内の投資家の保護を目的としているからです。これに対し、平成17年改正の証券取引法は、外国企業の上場を促すために、外国基準によるディスクロージャーを英語で行う道を開きました（**英文開示**）。

一定の外国会社は、有価証券報告書に代えて、外国基準で作成され英語で記載された**外国会社報告書**を提出することができます（24条8項・9項）。半期報告書、四半期報告書、内部統制報告書にも同様の扱いが認められます。日本市場に上場する外国企業は、金融庁長官の承認を得て外国基準・英語によるディスクロージャーをすることができるのです。

ところが英文開示の利用例が少なく、外国企業の上場誘致の効果が発揮されていないという反省から、平成23年の改正では、有価証券届出書中の発行者情報を外国基準・英語で作成することを認めました（5条6項）。これにより、世界同時に資金調達をする**グローバルオッファリング**や国内外同時上場がしやすくなりました。

次に、日本の投資家が外国株式等に投資をする場合を考えると、外国株式も金融商品取引法上の有価証券なので（2条1項17号）、販売・勧誘行為が国内で行われる限り日本の法律が適用されます。これに対し、海外の証券取引所が日本国内に端末を設置し、これを通じて国内の投資家を海外の取引所における取引に直接参加させる行為は、本来、金融商品市場の開設に当たるのですが、**外国金融商品取引所**は、内閣総理大臣の認可を受ければ、金融商品市場開設の免許を受ける必要はありません（155条）。外国金融商品取引所は本国において規制・監督を受けているため、一律に国内取引所と同様のルールを課す必要はないと考えられたからです。

海外の投資家が海外の証券業者を通じて国内の市場取引に参加するには、外国証券業者のうち取引所取引許可業者の制度が使えます。すなわち、この場合、海外の証券業者は内閣総理大臣の許可を受ければ足り（60条）、金融商品取引業の登録を受ける必要はありません。取引所取引許可業者が国内の市場取引に参加する方法としては、当該業者の海外支店に金融商品取引所の端末を設置し、これを通じて海外の投資家に取引を行わせることが考えられます。そのためには、許可業者は国内の取引所の会員または取引参加者になる必要があり、したがって取引所の自主規制に服することになります。

将来、資本市場のグローバル化がいっそう進展したときに日本が直面することになる重要な問題は、自国市場の投資家保護という法の目的を貫くべきか、資本市場の統合のために資本市場のルールを国際的に統一すべきかという問題です。アメリカは前者の考え方を堅持しているのに対しEUは後者の道を進んでおり、日本の立法政策の舵取りは、理論的にも実際的にも、ますます難しくなると思われます。

## 2 投資サービス法から金融サービス法へ

金融商品取引法は、投資商品に関する商品横断的、業者横断的なルールを定めることを目指したものであり、預金契約や保険契約を含めた「**金融サービス法**」の制定は、今後の課題とされています。投資に関する消費者保護法制については、平成12年の金融商品販売法（現在の金融サービス提供法）の制定をホップ、平成18年の金融商品取引法（投資サービス法）の制定をステップとして、ジャンプで金融サービス法を制定すべきだという声も聞きます。

それでは、将来、金融サービス法を制定することは可能でしょうか。預金契約と保険契約を例にあげて、現在の金融商品取引法の内容である、①ディスクロージャー制度、②不公正取引の禁止、③業規制をそれぞれうまく適用できるかという観点から考えてみましょう。

金融商品取引法は、有価証券の定義に当たって、流動性を要件としない考えを明らかにしました（第1章4節）。ディスクロージャー制度は有価証券について適用されますが、預金契約や保険契約に流通市場がないことは、ディスクロージャーを適用する妨げにならないことが分かります。不公正取引の禁止については、上場されている有価証券・デリバティブ取引に適用が限定されている規定もありますが、そうでないものもあります。したがって、預金契約や保険契約に流通市場がないことは、上場商品以外のものを対象とする不公正取引禁止規定をこれらに適用する妨げにもなりません。

一番の問題は業規制です。まず、投資性の高い預金契約や保険契約に準用される業者の行為規制は、その内容を見ると、投資性の低い普通預金や通常の保険契約に準用してもおかしくないことが分かります。なぜなら、これらのルールは当然のことを規定したものに過ぎないからです。適合性の原則（40条）にしても、金融サービス提供法に基づいて公表されている「勧誘方針」において、その遵守が表明されているのがふつうです。販売・勧誘ルール以外の行為規制についても、金融商品取引法にあるルールを銀行や保険会社に及ぼしていくことに、理論上の困難はさほどないように思われます。

次に、業規制について金融商品取引法は、金融商品取引業を行う者を金融商品取引業者と定義し、金融商品取引業のすべてに適用されるルールを定めたうえで、金融商品取引業のうち第1種業、第2種業、投資運用業、投資助言・代理業、有価証券等管理業務について、それぞれに適用される特則を定めるという方法をとっています（第1章5節、第8章1節参照）。この方法を銀行業や保険業に及ぼすとなると、銀行業や保険業を構成する行為をすべて含んだ金融商品取引業の定義規定を設け、業規制として特別なルールが必要な業務を分類して、それぞれ特則を定める必要が生じます。しかも、銀行業や保険業の規制の目的は、金融商品取引業の規制目的と大きく異なる部分があるため、規制はかなり複雑なものになると思われます。現行の業規制を寄せ集めることは簡単ですが、体系的に整えることはかなり難しいでしょう。

以上のように、銀行・保険の分野を含めた金融サービス法の制定は十分可能であると考えますが、業規制については、金融サービス法の名にふさわしい横断化・柔構造化が達成できるか疑問も残るところです。

もっとも、2008年の世界的な金融危機の教訓から、金融機関は、それが銀行であれ保険会社であれ金融商品取引業者であれ、資本市場のプレーヤーとして金融システム上重要な役割を担っていること、および、それゆえに等しく資本市場への影響を考慮した**健全性規制**（**マクロ・プルーデンス規制**）の対象とすべきであることが確認されました。健全性規制の根拠条文はそれぞれに業法に置かれていますが、金融機関は、金融監督上、同様の手法に服することになるため、今後、健全性規制についてはルールの同質化が進むと予想されます。

## 3 フィンテックへの対応

**フィンテック**（Fin Tech）とは、金融と技術をかけあわせた造語であり、情報技術（ＩＴ）を活用した革新的な金融サービスを指します。フィンテックの進展とこれへの対応が世界的な規模で見られます。たとえば、ビットコイン、イーサリアムなどのいわゆる**仮想通貨**（法律上の呼称は**暗号資産**）が発行され、その取引量が増しています。仮想通貨は、決済手段として便利な側面がある反面、マネーロンダリングやテロ資金に用いられる可能性があり、また、仮想通貨の取引所が破綻し利用者に被害をもたらした事例が２０１4年に国内で発生しました。そこで、資金決済に関する法律（資金決済法）の平成28年改正により、仮想通貨と法定通貨の交換等を行う業者を登録制の下に置き、マネーロンダリング対策や利用者保護のための規制を及ぼすことにしました。

金融商品取引分野におけるフィンテックのうち、ＩＣＯの問題点については第1章4節⑵で述べ、ＨＦＴへの対応については第5章2節⑵で説明しました。以下では、網羅的ではありませんが、これら以外のフィンテックの課題や見通しについて述べます。

顧客との間でインターネットを通じて情報のやり取りを行い、金融商品に関する投資助言または投資運用サービスを提供する行為がアメリカでは増えており、日本にも登場しています。このようなサービスの提供システムを**ロボアドバイザー**（Robo-Adviser）といいます。ロボアドバイザーは、顧客の属性や意向に関する情報の提供を受け、アルゴリズムに基づき、当該顧客に適した資産ポートフォリオを提示し、具体的に購入すべき有価証券やデリバティブ取引を推奨します。金融商品取引を自動執行し、顧客資産の運用状況に応じてポートフォリオの見直しを行い、さらに税務処理を担当するものまであります。ロボアドバイザーでは、これら一連の行為が顧客の入力に従いインターネットを通じて自動的に行われるため、手数料を低減させることができ、少額の運用資産から投資一任契約の対象とできる点にメリットがあります。

ロボアドバイザーは、有価証券等に関する投資助言または投資一任契約に基づく財産の運用を行うため、投資助言・代理業または投資運用業としての登録が必要ですが（第1章5節⑶）、インターネットのみを通じた情報のやり取りやアルゴリズムに基づく取引が、業者としての忠実義務、説明義務、適合性の原則に適ったものとなっているかが、アメリカでは問題となっています。日本でも実態に即した検討が行われるべきでしょう。

人工知能（**AI**）の開発が進み、投資判断にも応用されつつあります。すでに投資信託にはAIによる銘柄選択を採用するものがありますし、AIはロボアドバイザーにも搭載可能でしょう。ＡＩによる投資サービスの提供についても、顧客にサービスの内容を良く理解させることができるかという、説明義務の問題がありますが、ＡＩの投資戦略はアルゴリズムに基づくものではないので、その理解はいっそう難しいでしょう。ＨＦＴ（第5章2節⑵）が情報に基づいた投資を行わないのに対し、ＡＩはＥＤＩＮＥＴ、取引所や企業のウェブサイト、ニュース等、インターネットを通じて入手できる情報を網羅的に収集・分析し、経験的に投資する銘柄を決定するので、情報に基づいた投資を行っているとはいえますが、投資判断のプロセスや根拠を知ることができません。そこで、ＡＩに基づく投資が一般化した世界を想像すると、筆者には次のような疑問が浮かびます。

第一に、ＡＩが収集する情報のなかには虚偽の情報も含まれているでしょうが、情報の網羅的な分析によりＡＩは虚偽の情報に騙されなくなるのではないでしょうか。もし騙されないとすると、虚偽の情報開示を禁止する法制は必要でしょうか。第二に、ＡＩは発行者やそれ以外の者が発するすべての情報を収集・分析できるとすると、発行者に情報開示を強制するディスクロージャー制度は必要でしょうか。このように、ＡＩはディスクロージャー制度の存在意義に疑問を投げかけてくるのではないかと思います。

市場インフラを整備することは金融商品取引法の重要な役目ですが、この点で、**ブロックチェーン**（Blockchain）が注目を浴びています。ブロックチェーンとは、中央集権的な機関を必要とせずに、コンピューター・ネットワーク上で取引を記録し、かつ取引の検証を行うことができる分散型台帳技術（DLT）の一つであり、ビットコインなどの仮想通貨の取引記録に用いられています。ブロックチェーンを従来の中央集権的な機関による取引検証システムに比べると、ネットワークに参加する多くのコンピューターの助けを借りて記録の検証を行うため、コストが格段に安く、また、いったん取引記録が検証されると、その改ざんが極めて困難であるため、同等の安全性を確保できるといわれています。そこで、有価証券やデリバティブの取引および決済についても、その利用可能性を模索して、世界各国で研究や実証実験や続けられています。

有価証券の取引およびデリバティブ取引へのブロックチェーンの応用に当たって、もっとも問題となるのは、ブロックチェーンと契約の自動執行をプログラムしたスマートコントラクトを組み合わせて用いると、中央清算機関（CCP）が無用のものになるかどうかであり、この点について議論は分かれています。また、ブロックチェーンには、それ自体に対するサイバー攻撃やいわゆる51％問題といったリスクがついてまわることにも注意しなければなりません。いずれにしても、ブロックチェーンの応用についてはもう少し技術の進歩を見極めたうえで、必要な法制を整えることになるでしょう。

最後に、金融規制を行う当局にもITを活用した規制（**レグテック**、RegTech）が求められています。業者が金融商品取引業の登録を受ける際には膨大な書類を作成して提出する必要があり、登録後は、帳簿書類や取引記録を備えるとともに、事業年度ごとに事業報告書を内閣総理大臣に提出しなければなりません。これらの多くは、電磁的方法で作成・提出されており、内閣総理大臣による監督の基礎資料となります。平成27年の改正ではプロ向けファンド特例業務の届出者、平成29年の改正では高速取引行為者という、厳密には業者とはいえない者の規制も始まり、規制対象者の数や提出書類の種類・内容も格段に増えました。そうだとすると、こうした膨大な情報を定期的に、または事件が起きてから事後的に分析して規制の実効をあげるためには、ＩＴの活用が不可欠になるでしょう。他方で、レグテック手法の開発自体には多大な資源を要するので、民間企業との協力や証券監督者の国際的な協力が必要になると思われます。

## や行



## ら行

## た行

## さ行

# 索引

著者略歴

**黒沼 悦郎**（くろぬま・えつろう）

1960年生まれ。84年東京大学法学部卒。同年東京大学法学部助手。87年名古屋大学助教授、94年神戸大学助教授、97年同大学教授等を経て、2004年より早稲田大学大学院法務研究科教授。

主な著書

『証券市場の機能と不公正取引の規制』（有斐閣、2002年）、『アメリカ証券取引法〔第2版〕』（弘文堂、2004年）、『金融商品取引法〔第2版〕』（有斐閣、2020年）、『会社法〔第2版〕』（商事法務、2020年）など

日経文庫 1446

**金融商品取引法入門**

2006年 8月10日 1版1刷
2021年12月15日 8版1刷

著　者　黒沼 悦郎
発行者　白石 賢
発　行　日経BP
　　　　日本経済新聞出版本部
発　売　日経BPマーケティング
　　　　〒105-8308　東京都港区虎ノ門4-3-12

装　幀　next door design
組　版　マーリンクレイン
印刷・製本　シナノ印刷

 ISBN978-4-532-11446-6
Printed in Japan